無理なく続けられる
年収10倍アップ勉強法

勝間和代 経済評論家（兼 公認会計士）

Discover
ディスカヴァー

はじめに

この本は、史上最年少の十九歳で公認会計士試験の二次試験に合格したのを皮切りに、その後、以下のような資格試験をパスし、英語のスキルを上げてきた著者が実践してきた、社会人のための効率のよい勉強法を紹介する本です。

著者の勉強の実績

◎公認会計士二次試験を史上最年少の十九歳で合格（合格率　当時六％）
◎中小企業診断士試験（合格率四％）、及びオンライン情報処理技術者試験（合格率四％
現在はテクニカルエンジニア〈ネットワーク〉試験）に、どちらも一回の受験で合格
◎ＴＯＥＩＣは新卒時四二〇点から、その後三年間で九〇〇点へ
◎証券アナリストをしながら、社会人大学院でファイナンスＭＢＡを取得
◎二〇〇七年からは博士課程に進学

ちなみに、会計士試験以後はすべて、社会人としてフルタイムで勤めつつ、かつ、子どもを育てながらの実績になりますので、決して時間が豊富にあったわけではありません。

このような資格や実績を積み上げてきた結果、新卒時から三十八歳の、この著作を書いている現在までの十六年間で、年収は約十倍になりました。年率では毎年一六％ずつの収入増になります。

勉強が続く仕組みがわかれば、誰でもできる！

もっとも、こんな実績をかざさなくても、社会人に勉強が大事だということは、誰しもわかっていると思います。そして、このような実績は、著者だからできたのだろう、自分にはとても無理、と思う人もいるかもしれません。

でも、実は違うのです。勉強でいちばん大事なのは、勉強の内容そのものではなく、**勉強をうまく続かせる仕組みづくり**であり、**意識づくり**なのです。もし、私に人よりも上手なことがあるとしたら、そういう仕組みづくりにすぎません。

この本では、その仕組みづくり、意識づくりのノウハウをお伝えします。お読みになれば、勉強法次第で、勉強を続け、その成果を上げていくのは、さほどむずかしいことではないのがおわかりいただけるでしょう。

10倍RULE① 〈中身より仕組み〉

なぜ、続かないのか？

それでは、社会人の勉強の最大の問題点、つまり、勉強を妨げる「敵」は何でしょうか？

答えは、モチベーションが続かないこと。一瞬やる気になっても、忙しすぎて、なかなか勉強に対するモチベーションが続かないのです。

では、それを続かせるにはどうするのか。この答えもシンプルで、要は、勉強すればするほど、毎日、だんだん幸せになっていけばいいのです。

どうやって？

簡単です。勉強することによって、年収が、実感できるスピードで上がっていけばいいのです。逆に言えば、年収アップにつながる勉強をすることです。

各種の研究によると、年収がだいたい一五〇〇万円になるくらいまでは、年収と幸福感の間には正の相関があるといわれています。つまり、年収が上がるほど幸福度が上がる、というわけです。これは**「幸福の経済学」**と呼ばれています。

したがって、もし幸せになりたいのであれば、年収を上げること。そして、年収を上げる手っ取り早い道は、年収増につながるような勉強をして、それを実践の場で生かすことなのです。

もし、仕事の場で生かすのに時間がかかるのだったら、資産運用で勉強の成果を生かすことも可能です。自分の勉強の成果を投資として生かそうと考えると、日々読んでいる雑誌や新聞の読み方も、まったく違ってきます。

勉強するほど幸せになる、という成功体験をつくってしまえば、無理矢理、目標設定などをしなくても、隙間時間に勉強するのが自然に習慣化されます。

慣れていない人にはむずかしく聞こえるかもしれませんが、安心してください。効率的な勉強のやり方とそれを使った収入増の手法は、スポーツと同じです。つまり、正しい基

10倍RULE② 〈勉強するほど幸福になる〉

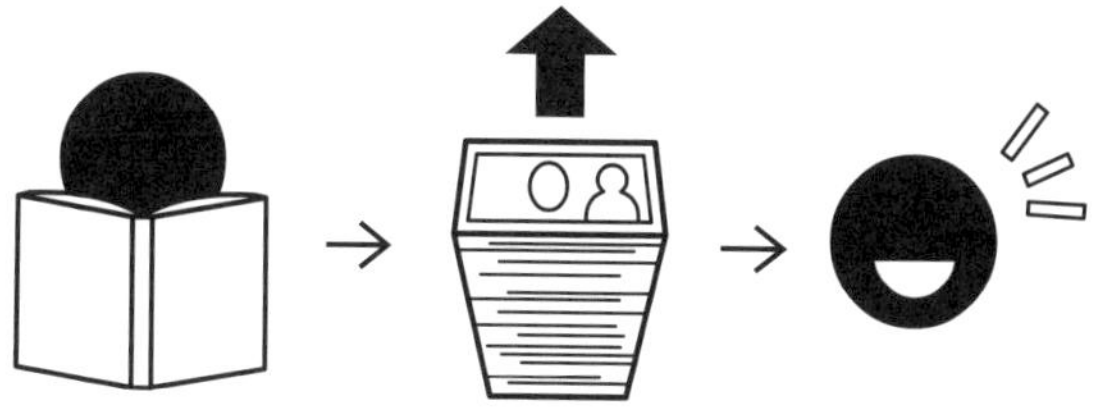

礎体力づくりをし、いい指導を受ければ、必ず身につくスキルです。

基礎スキルアップのための勉強と教養のための勉強は違う

間違えてはいけないのは、同じ勉強でも、基礎スキルアップのための勉強と教養のための勉強は違う、ということです。

当然、年収アップに直接つながる、つまり、モチベーションが続くのは、基礎スキルですから、まず、こちらが必要です。基礎力がないうちに教養といわれるような知識の山を積めこんでも、なかなか年収アップにはつながりません。

一般に、子どものころから優等生の、一見勉強熱心な人は、とかく教養のための勉強に走りがちですが、たいてい職場の雑学博士になってしまうだけです。それは土台がないところに知識のみが積み上がるため、体系化されておらず、応用力に欠けるからです。いま行っている仕事につながらなければ、他人の目には、雑学にしか見えません。

では、ビジネスマンに教養のための勉強は必要ないのか、というと、そんなことはありません。ある一定以上、基礎スキルができますと、その次に必要なのは、教養なのです。基礎スキルの際限のない積み上げではなく、将来を予測するための歴史の勉強、新しい切り口を見つけるための文化の勉強など、教養が非常に重要になってきます。

すべての勉強に共通する五つのコツ

この本では、おもに、基礎スキルのつけ方を説明します。具体的には、すべての勉強に共通する、次のようなスキルです。これらのスキルの習得方法について、読めばすぐに実行に移せるよう、細かいところまで説明していきます。

◎上手なインプットの仕方。速読、隙間時間や耳の利用方法、パソコン、MP3、よい教材の調達方法、セミナーなどの使い分けの仕方

10倍RULE③ 〈家も勉強も、基礎が大事〉

◎上手なアウトプットの仕方。勉強結果の計測方法、キーボードの早打ち、マインドマップ、ブログの活用の仕方

◎年収アップに直結する具体的な項目の勉強方法、たとえば、英語、IT、会計、経済、資産運用など

そして、どのような勉強をするにも共通の五つのコツがありますので、そのことについても詳しく説明していきます。

❶基礎を最初に徹底的に学ぶ
❷先達から、勉強の仕方をしっかり聞く
❸学ぶ対象の基本思想を理解する
❹学んだことを自分のことばでアウトプットしてみる
❺勉強をわくわく楽しむ

必要なのは、勉強へと自分を自然に追い込み、習慣化させる仕組み

勉強はスポーツと同じで、ちょっとした「コツ」が必要と言いましたが、どんなスポーツを上達させるにも、スクワットや走り込みなど、とても地味なトレーニングの積み重ねが必要です。ところが、その時点では、なかなか成果が見えないため、成果が出る前に、いやになってしまいがちです。

勉強も同じです。ふつうに独学で、何の仕組みもつくらずに、我流でやってしまうと、その基礎体力づくりが続きません。

これは、意志が強い、弱いという問題ではありません。私は、人間の意志の力などというものを、実は、まったく信じていません。

勉強も、スポーツも、目に見えて成果が出るようになるまでには、ある程度時間がかかるものですが、**そもそも人間の仕組みが、なかなか成果の現れないものよりも目の前に迫る緊急の大事なことを優先するようにできているのです。**

もう少し詳しく言いますと、人間の心の感じ方というのは、数カ月後の成果を、今日・明日に感じて、そこに向かい続けることができるようにはなっていないということです。そんな数カ月も先のことよりは、今日の楽しみや眠りなどを優先するようできているので

10倍RULE④　〈努力と根性よりも、道具と仕組み〉

す。これも、各種の実験で証明されています。

どうもこれは、狩猟採集時代、人間がサバイバル生活をしていたころのなごりのようで、目の前の問題や欲求を優先しないと、あっという間に生存が危うくなったので、防衛本能的にそうなっているらしいのです。そのころは有効だった仕組みが、いまは逆に災いしているわけです。

そして、そうした、目の前のことを優先させる仕組み、感じ方を防ぐために、かなり強固なルールをつくらないといけない、ということも、各種研究でわかっています。

したがって、私たちに必要なのは、**勉強が無理なく続き、それが年収アップにつながるような、ごく個別具体的なやり方と、それに**

10倍RULE⑤〈勉強も、投資が多いほどリターンも大きい〉

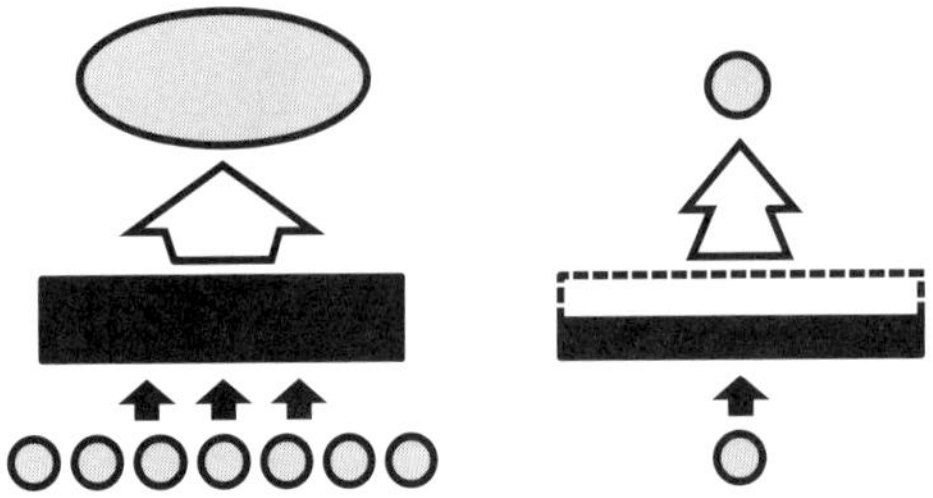

合わせて、自分を追い込み、うまく習慣化させてしまう仕組み一式になります。

収入の五〜一〇%を勉強法の勉強のために投資しよう

ところが、世の中にスポーツを教えてくれるスポーツクラブはあふれていても、勉強の結果である知識や雑学ではなく、勉強そのものの方法を教えてくれるクラブは、ほとんどありません。

でも、たとえば、プロ野球選手が、スポーツの基礎ができているため、ゴルフをしても玄人はだしであるのと同様に、一度、この勉強の基礎スキルを固めてしまうと、どんな応用勉強、すなわち、資格試験でも、セールストークでも、エクセルのマクロでも、メールの編集作業でも、上手にできるようになるのです。

それが、私が、公認会計士試験、オンライン情報処理技術者試験、ＴＯＥＩＣなど、一見、まったく関係のないような勉強でも、すべて、短期間で上手に乗り切れた秘訣です。

もちろん、この仕組みはすべて、ただでつくることができるものではありません。道具を買えばお金も時間もかかりますし、教室で習う必要があるものも出てくるでしょう。

しかし、収入のおおよそ五～一〇％を勉強法の勉強のための投資に費やしていくと、必ず、その二倍から十倍以上になって返ってくることでしょう。

以下、第一章からは、具体的に、どうやったら、そういう仕組みができ、基礎スキルの取得につながるのか、そして、どのようにして、年率一六％、十六年間で年収を十倍にできたのか、私のノウハウを、かなり細かく、具体的にお伝えしていきます。

この本を読んで、目から鱗が落ちた、と言っていただけるのが、いちばんうれしいです。

二〇〇七年　春

勝間和代

無理なく続けられる年収10倍アップ勉強法　もくじ

もくじ

年収10倍アップ勉強法　実践編

年収10倍アップ
勉強法

基礎編

1 なぜ勉強するのか？

自分が幸せになるために勉強しよう

「はじめに」で書いたとおり、勉強はまず何のためにするのかというと、まさしく幸せになるためです。勉強をしたほうが、年収アップにつながる確率が上がり、お金があったほうが、本人も精神的に落ち着きますし、家庭内の不和も少なくなります。

この格差社会を子孫も含めて生き延びるために勉強しよう

また、そのお金を使って、自分の将来に対しても、子どもの将来に対しても投資ができますから、現在だけではなく、未来も幸せになる確率が上がります。

ここ最近、格差社会など、階級の再生産の話がよく問題になっていますが、その根源をつきつめると、教育投資、すなわち、勉強の有無に多くの部分があります。だから何のた

10倍RULE⑥ 〈勉強の有無によって、階級が再生産されていく〉

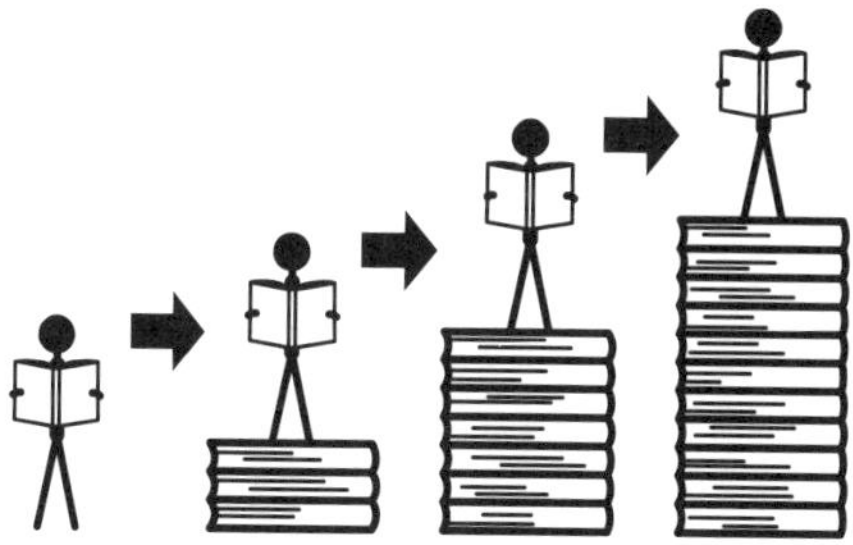

めに勉強するのかというと、自分だけでなく、自分の子孫も幸せにするために、勉強をせざるを得ない、ということなのです。

勉強の有無により、階級が決定され、それが再生産されていく仕組みを、皮膚感覚でわかっている人とわかっていない人の間では、どうしても勉強に対する価値観や優先順位が違うのではないかと思います。

一度でも、勉強すれば年収が上がる、というのを実感した人は、今度はムキになって勉強するようになります。そこでまた差が開いてきてしまうので、階級の再生産が、年をとるほど、ますます強固になります。

結局、勉強をするのは、この格差社会を生き延びるためと割り切ったほうがいいと思います。

しかも、親が勉強すると、子どももそれを見て育ちます。勉強の習慣は、家庭内での文化的な伝承・遺産になります。これは、多くの社会学者が研究し報告していることでもあります。だから、いまのあなたが熱心に勉強を始めれば、子どもも、それを見て勉強をするようになります。

勉強は、自分の幸せのためだけではなく、自分の子どものためにも必要なのです。

独立した自由人でいるために勉強しよう

勉強は、独立した自由人でいるためにも必要です。自由人でいるというのは、

◎自分で自分の面倒が見られて、
◎経済的に自立していて、
◎自分の考えを発言することができる

ことであると、私は考えています。

それができないと、形式的には個人として暮らしていても、実態は自由人ではなく、多くの場合、勤めている企業に隷属していることになります。

したがって、フリーランスとして独立するわけではなくても、社会人として独立した考

え方を持つために、勉強は続けていかないといけません。

昔から、企業の不祥事、具体的には、粉飾会計や期限切れの商品の利用などがあとを絶ちませんが、これは、当事者である社員たちが自由人ではないからこそ起こったことだと思います。もし、当事者が、経済的に転職あるいは独立できる自信があり、その企業に隷属していなければ、会社や上司にNOと言うことができるわけですから。

社会の動きについていくために勉強しよう

格差社会を生き延びる、自由人でいる、ということのほかに、勉強が必要な理由としては、世の中全体との関係ということがあります。

世の中全体では、どこかで、必ず誰かが勉強していますから、社会はだんだん賢くなっていきます。そうすると、自分が勉強しないと、相対的に社会に置いていかれるのです。

だいたい、年配の人の話が古く、くどくておもしろくないケースが多いのは、どこかで勉強が止まってしまっていて、知識や考え方が更新されていないからでしょう。

逆に、教養のある人や勉強をしている人は、六十代や七十代になっても、フレッシュな感覚を持ち続けていて、話をしていても、とてもおもしろいものです。

勉強しないまま、自分が年をとっていって、自分の子どもや孫、後輩に、そのように思われるとしたら、考えただけでもぞっとしませんか？

勉強は幸せになるための先行投資

このように、勉強により、いろいろと差がついてきてしまうのですが、勉強する人は、年収が上がるので、次の勉強に再投資できます。そうすると、いっそう効率よく勉強ができるので、また年収が上がり、それをまた次の勉強に投資してと、好循環が生まれます。

これに対し、勉強しない人は、年収が上がらないので、だんだん勉強への投資もできなくなってしまい、その結果、ますますできる人との差が広がっていく、という悪循環が生まれてしまいます。

以上をまとめると、勉強は幸せになるために、必要な投資であるということです。企業が設備や新製品開発に先行投資をしていないと生き残れないように、私たちも、繰り返し自分自身のキャリアに、勉強というかたちで自己投資をしていかないと、倒産してしまうわけです。

10倍RULE⑦ 〈勉強する人としない人の差は、広がるばかり〉

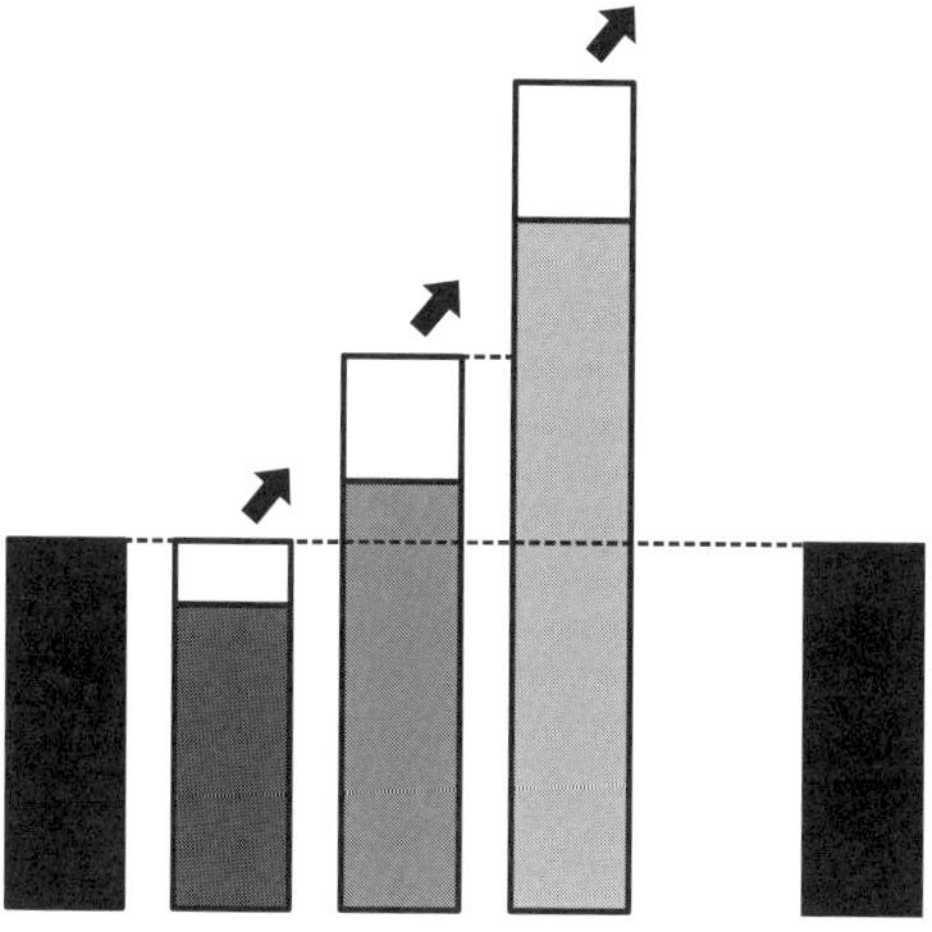

2 なぜ勉強が続かないのか？

では、勉強がこんなに大事なものだというのに、あるいは、誰に聞いても、「勉強は大事だよ」と答えるのに、多くの場合、それが続きにくいのはなぜでしょうか。

勉強しないことのツケは確実に回ってくる

これは、モチベーションの問題です。

今日勉強しなかったからといって、明日すぐに年収が下がったり、クビになったりするわけではないので、ついつい、さぼりがちになります。はじめはやろうと思って通信教材を買っても、英会話学校に入っても、結局、三日坊主や尻切れトンボになるわけです。

ところが実は、年単位で勉強をしていかないと、スポーツをおろそかにしたり食生活が乱れている結果として生じたメタボリック症候群と同じように、そのツケは確実に回ってきます。ある日突然、リストラとか、そこまでいかなくとも、なかなか年収が上がらず実質降格、そこで転職先を探しても、全然雇ってもらえないなど、ほんとうに困りだします。でも、困ってからでは時すでに遅し、というわけです。

必然性に基づく続く仕組みをつくる

とはいえ、勉強も、必然性がないものは続きません。たとえば、私も中国語を勉強しようとしたことがありますが、結局、まったく続きませんでした。なぜなら、必然性が生じるような仕組みを、まったく準備しなかったからです。

これは結構シンプルな法則でして、**「続く仕組みをつくっていない社会人の勉強は、絶対に続かない」**ということです。

❶会社からの強制を利用する

冒頭で偉そうにオンライン情報処理技術者試験や中小企業診断士試験の合格実績をあげましたが、かくいう私も、実はこの二つとも、当時、システムコンサルティングの部署にいたため、強制的に受けるよう、会社から命じられた試験だったのです。そうでなければ、すでに会計士の資格を持っていたのですから、自主的には受けなかったでしょう。

このように、会社から強制されるというのも悪くないと思います。試験の勉強費用から登録費用まで、全部、会社持ちでしたし、しかも、資格を取れれば出世できます。また、部のみんなで受けるため、落ちると恥ずかしいので、続けざるを得なかったのです。

ここが、途中でやめてしまった中国語との違いです。

しかも、こうした会社奨励型の資格試験の場合、その費用は、はじめは自腹を切るものの、受かれば戻ってくるというケースが多いため、受からなければ、年収が増えないだけでなく、お金が減ってしまいます。つまり、年収を増やすという軸ではなく、費用を減らす、という考え方をとっても、勉強を続ける動機になります。

❷ 成果がまめに測れる報奨制度を用意する

人間は、無形の、しかも先のことを、想像したり、計算するのは、非常に苦手なようにできています。ですから、これをわかりやすい価値、たとえば、お金とか、出世とか、恥とかに変換するのです。変換した瞬間、うまくいくようになります。

つまり、わかりやすい報奨制度があればいいのです。

たとえば、TOEICだと、七三〇点以上でないと海外出張に行かせてくれないとか、そういうハードルも報奨制度になります。社会人の勉強が続きにくいのは、学生時代のテストや通信簿、入学試験などのような、わかりやすい報奨制度がないからです。あるいは、あったとしても、実感できるよりもはるか遠くにあるためです。

報奨制度があると、なぜモチベーションが続くかは、RPG〈ロールプレイングゲームの総称〉を思い出すとわかりやすいかもしれません。みんなRPGがなぜ好きかというと、ヒットポイントやマジックポイント、覚えている魔法のスペルの数などがどんどん上がっていって、それにつれ、キャラクターがどんどん成長していく。それがわかるので、夢中になって続けてしまいます。

勉強も同じです。勉強をRPGにしてしまえばいいのです。勉強を続けると、キャラクターならず自分自身がどんどん成長していくのが、なんらかのかたちではね返ってくる仕組みがあればいいわけです。そうすれば、非常に簡単に続きます。

たとえば、英語を頑張って学んでいたところ、上司から、「きみ、最近、英語がうまくなったね」と言われるだけでもぐっと変わります。

資格も同様です。基礎体力をつける、すなわち勉強体質になるまでは、結果の出やすい、わかりやすいものを受ければいいと思います。

たとえば、英語なら、英検よりもTOEICをお薦めします。点数がかなり細かく上がるので、英検で級を上げるよりは、成果がわかりやすく測れるからです。

この場合、いちいち試験を受けると、試験料だけでも高いので、たとえば、TOEICの勉強のためのCD－ROMについている模擬試験をやって、上達ぶりをまめに測ってみるのも一つの手です。

人間は、目に見えて測れるものでないと、管理できません。その管理の仕組みをつくらずに勉強しようとしても、それでは続かないのが当たり前なのです。とにかく、**意志の力でなんとかなる、なんて楽観視してはいけません。**

❸ある程度の投資をして、自分を追い込む

会社からの強制を利用する、まめに成果が測れる勉強法をとるということ以外に、勉強が続く仕組みとしては、三万円なり五万円なりの教材を買ったり、セミナーを申し込むなど、ある程度の投資をして自分を追い込む、という方法もあります。

もっとも、通信教育は、かなり意志が強くないとできないものなので、続けるという点では、通学をお勧めします。通学で定期的なスケジュールのコースをとると、その時間は、一定の場所に縛られますから、居眠りでもしない限り、是が非でも、その時間帯は勉強することになります。

❹勉強の成果をまめにアウトプットする

とにかく、勉強の第一歩は、続く仕組みをつくることです。無理なく続けられるということが担保されていない限り、人間は、ちょっとやそっとでは勉強するものではないからです。それなのに、よくある勉強法の問題点は、努力できる人だけが続くような方法を紹介していることだと思います。私は、努力も意志も信用していませんが、もし、努力するなら、努力して勉強するのではなくて、勉強する仕組みをつくることに努力すればいいと考えます。

そういう仕組みづくりとしては、繰り返しになりますが、実は会社はありがたい存在です。トレーニングを施し、研修費用を持ってくれ、強制的に勉強させてくれるうえ、さらに、日々の仕事というかたちで、勉強の成果を披露する場所を提供してくれるのですから。

お金をもらって、勉強させてくれるありがたい場だと思えば、新卒や転職で職場を選ぶときも、なるべく勉強させてくれる職場を選ぶのが一つのコツになるでしょう。
ただ、ここで注意しなければならないのは、会社は学校ではないということです。そもそも学校になぜお金を払うかというと、勉強させてくれるからです。それを、会社は、お金をくれて勉強させてくれるのですから、当然、アウトプットを返さなければいけません。会社から研修費用や研修休みをもらって勉強ばかりして、成果を上げない人間は、ただの勉強オタクで会社での居場所がどんどんなくなっていくでしょう。

つまり、社会人にとっては、会社から強要されるとか定期的に通学する場をつくる、まめに進捗状況を測るなど、勉強が続く仕組みを工夫するのに加え、勉強の結果をちゃんとアウトプットする、という一連の流れの仕組みをつくること、これが、まずはスタートになります。

ここまでの章でお伝えしたのは、あくまでも、勉強を続けるためのスタートの仕組みの部分です。では、いざ勉強を始めた場合、いかに効率的に、インプットとアウトプットを行うのか、次の章から、その細かい仕組みづくりのノウハウを説明していきます。

10倍RULE⑧ 〈勉強が続く仕組み〉

最初は半ば
強制的に自分を
追い込む
まめに
進捗状況を
check!
まめに
成果を
output!

3 まずは道具を揃えよう

「書斎を持ち歩く」仕組みをつくる

前章までで、社会人の勉強にとって重要なのは、努力や意志の力ではなく、それが無理なく続く「仕組み」づくりであることを説明しました。この章では、まず、**「書斎を持ち歩く」**仕組みを紹介していきます。

社会人の勉強が続かないのは、勉強がいわば仕事であった学生時代と違い、いざ勉強するぞと考えても、まとまった時間がとれるわけでもなく、家に帰っても特に書斎があるわけでもない。そもそも勉強の場がないというのが大きな要因となっているからです。

昔でしたら書斎に閉じこもって、紙とペンを使ってするのが勉強。そうでなければ、紙とペン、それに本を持ち歩いて、二宮金次郎さながらに、仕事の合間合間に寸暇を惜しんで勉強する、ということになったのかもしれません。昔どころかいまでも、多くの勉強法

10倍RULE⑨ 〈書斎を持ち歩く〉

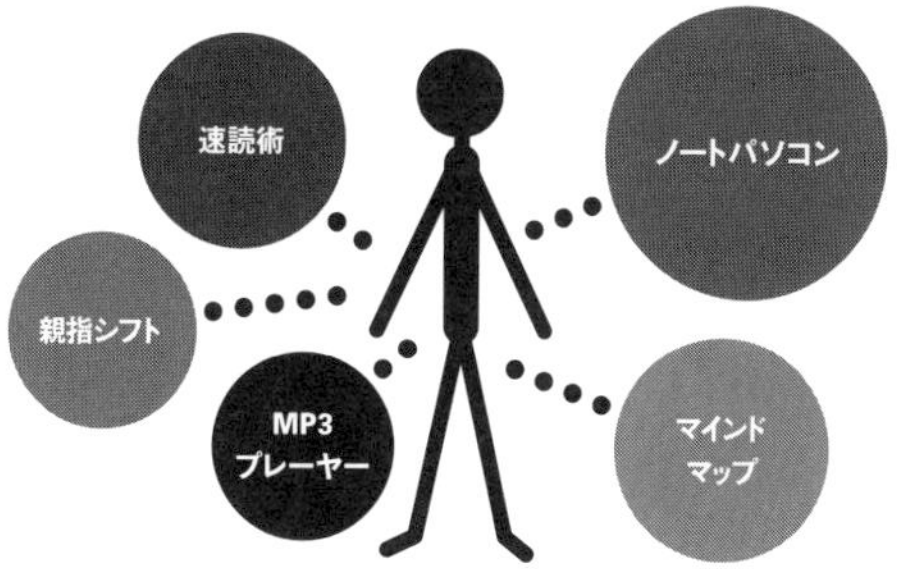

の本は、それと大差ない方法を提唱しているように思います。

しかし、いまは、ITが安価になり、パソコン、MP3プレーヤー、ブログなど、紙やペンよりも数十倍も効率的に勉強ができる道具が出てきています。また、加速学習とよばれる手法も発達し、その一つである速読も一般化しました。

こういうものを組み合わせることにより、満員電車ではMP3プレーヤーで英語の勉強を、隙間時間には無線LANのある地下鉄の駅のベンチでeラーニングを、なんていうことが可能になっています。

文字どおり、「書斎を持ち歩く」ことが可能になってきているわけです。

紙とペンでは面倒で続かない勉強も、こうした便利な道具を使うことによって、無理なく効率よく続けることができます。まずは、この新しい「書斎」の道具を揃えて、勉強が確実に続く仕組みをつくってしまいましょう。

［1］ノートパソコンを用意する

自分専用のパソコンを用意する

子どものころ、学習机に座ると、とりあえず気持ちが勉強に向かってリセットされませんでしたか？　「持ち歩く書斎」づくりでは、ノートパソコンが、勉強の起点になります。

家でも、会社でも、駅でも、出張先でも、パソコンを開くとどこでも勉強の状態になる、という状態をつくり込むわけです。よく、勉強のため、辞書や本を持ち歩くことがあると思いますが、まったく同じ感覚で、常にパソコンを持ち歩くのです。


ですから、家族との共用ではなく、個人専用のものを用意してください。できれば、一キログラム前後の、軽くて、持ち歩くのが苦にならないものがいいです。

そのパソコンが、これからあなたの情報収集の窓口であり、勉強の成果を書き込むブログの場であり、MP3にダウンロードするための加工場所であり、学んだことのメモをしていく『マインドマップ』（後述）の場となります。つまり、**あなたのすべての「補助脳」**として活躍していくものとなるのです。

携帯電話ではだめ

これと同じことを携帯電話でしている人も多く、なぜ、いまさらパソコンが必要なのと考える人もいるでしょう。

しかし、携帯電話の画面はたかだか二〜三インチ、それに比べると、ノートパソコンは十一から十四インチありますから、一度に扱える情報量がまったく違うのです。紙とペンで勉強をするのが徒歩だとしたら、携帯電話は自転車級。ノートパソコンを使うことは一気にスポーツカーに乗るようなもので、目標地に向かうスピードがまったく違います。

通信カードと無線ＬＡＮによる常時アクセスを

ノートパソコンは、日々、新聞の代わりにニュースを読む、少しでも気になったキーワードがあったらすぐにその用語を検索してみる、おもしろそうな本を見つけたらその場で忘れないうちに注文するなど、汎用的に、勉強の下地を支えます。

したがって、いつでも検索できるようにしておく必要があります。

この場合、**ＰＨＳの通信カードと無線ＬＡＮ**を併用することを強くお勧めします。こういった特別な契約をしないで、毎回、ＵＳＢケーブルを使って携帯電話をつないでもいいのですが、次の二つの理由から勉強が続きにくいので、お勧めできません。

一つは、通信料金が高くつき、あっという間に数千円～数万円になりかねないため、ついケチって使うことをセーブしてしまうこと、もう一つは、つなぐのが面倒なのでなかなか使わなくなってしまうということです。

だいたい、人間というのは、一つでもステップが増えるだけで、それをするのを無意識のうちに避けようとするものなのです。ポケットから携帯を取り出し、カバンからＵＳＢケーブルを取り出して、つなぐ――これだけで、まず、通信は面倒くさいから、つながない、ということになるでしょう。

それよりも、たとえば、ＰＨＳ（ウィルコムなど）の通信カードをパソコンに挿しっぱなしにします。月三〇〇〇円ぐらいからつなげる契約がありますので、このくらいは投資しましょう。高いノートパソコンを買っておきながら、通信費をけちって出先で使わなくなってしまうのでは、本末転倒です。

無線ＬＡＮで、「どこでも書斎」

さらに無線ＬＡＮについてですが、最近のノートパソコンはほとんど無線ＬＡＮの機能がついていますので、あとは自分が契約しているＩＳＰのサービスを調べるだけです。

たとえば、私が使っている@niftyでは、ＮＴＴ系が提供しているホットスポットというサービスを、月額一四〇〇円の使いたい放題か、あるいは八円／分の従量制かを選択して、付加することができます。

二〇〇七年三月現在、東京の地下鉄の駅には、ほとんど、ホットスポットの無線ＬＡＮが通っていますから、仕事の合間に二十～三十分ぐらい時間が空いたとき、喫茶店に行く代わりに、地下鉄の駅で、無線ＬＡＮのパソコンを叩きながら勉強することが可能になります。売店や自販機でジュースぐらい買えますから、駅が突然、勉強場所に早変わりするわけです。

マクドナルドやモスバーガー、カフェドクリエなども、無線ＬＡＮが入っている店が多く、便利です。


機種選びは、多少高くても、軽くて壊れにくいものを

機種は、軽くて、壊れにくいものがお薦めです。

私の周りでは、ほとんどの人が、松下電器の**『レッツノート（Let's note）』**を持ち歩いています。まず壊れにくいからです。

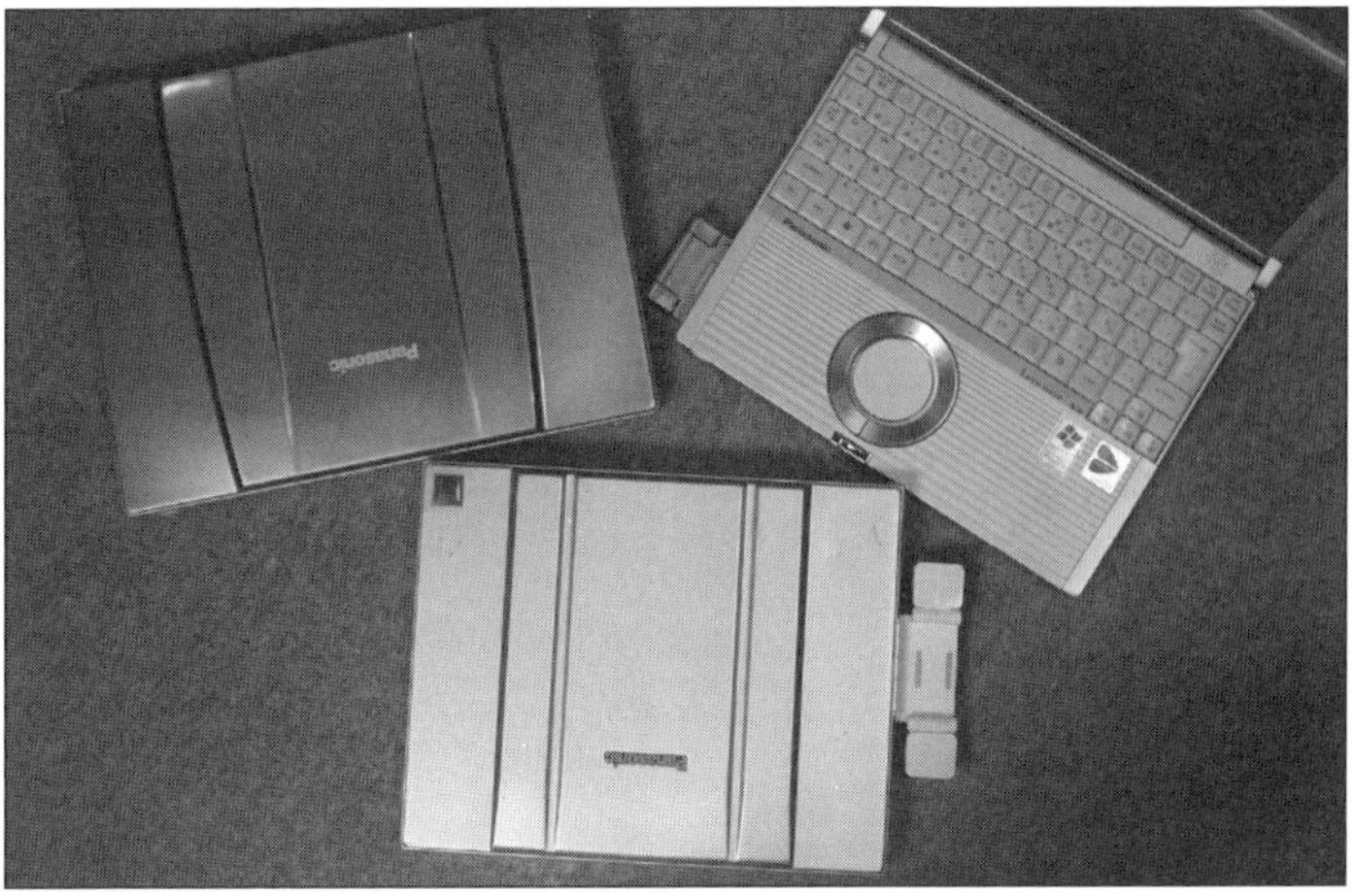

ノートパソコンは、持ち歩くため、よく故障します。『レッツノート』も、もちろん故障しないとは言いませんが、同じような機能がある他社の機械に比べて壊れにくいのです。『レッツノート』は、すべての機種が一キログラム前後と軽いうえ、落下テストなどを繰り返して、とても壊れにくくできています。

このため、はじめは、IBMやシャープ、ソニーなどの他社を使っていたユーザーが、乗り換え時に口コミの評判から、『レッツノート』に切り替えていくことが多いようです。

ちなみに、私はW2、T4、Y5と三台の『レッツノート』を持って、用途に応じて使い分けています。

では、このようにいいことづくめの『レッツノート』が、市場でなぜ、さほどシェアを伸ばしていないかというと、値段が高いためです。同クラスの機能の他社の機種より、三万円から五万円くらい高い。同クラスの機能で、もう少し重いタイプなら、もっと安く買えますから、みんな店頭で値段を眺めて躊躇して、もっと重かったり、もっと壊れやすいものを買ってしまうのです。

とはいえ、ノートパソコンは、一回買えば三年は使い倒すものですから、**一ヵ月当たりの経費として換算すれば、差はわずか**なものですし、壊れにくく軽いものでないと、結局使わなくなってしまい、かえってもったいないことになります。

一度、機会があったら、周りでパソコンに詳しい人や、仕事を効率よくこなす人のパソコンの機種を見てみてください。気持ち悪いぐらいみんな、『レッツノート』を使っていることと思います。

もっとも、『レッツノート』はもともと業務用に開発されたため、余計なソフトウェアがまったく入っていません。そのため、マイクロソフトOfficeを含め、必要なソフトを自分で組み込む必要があります。けれども、これは、後の章で説明していく「ITのスキル」を上げていくいい機会でもありますので、ITの勉強も兼ねて、試しに、やらなければならない状態に自分を追い込んで、セットアップしてみてください。

10倍RULE⑩ 〈自分専用のパソコンは「補助脳」〉

ノートパソコンを自分の補助脳として使いこなす

現在、パソコンなしに仕事をしているオフィスはまずないと思います。きっと、みなさんも、職場には、自分専用のパソコンがあることでしょう。それが、個人に戻った瞬間に必要なくなるわけがありません。

このパソコンは、のちほど説明する**『マインドマップ』**といわれる手法で勉強の成果をメモにしたり、授業のノートをとったり、思いついたことをブログにまとめたり、学んだことを生かすために仕事の提案書をワードにまとめたりするときに使っていきますし、あとで説明をするオーディオブックを使いこなすためにも必須です。

今後、スキルを上げるための学びの場として、情報収集や処理をする場、記録をする場、発信をする場として、パソコンは不可欠なのです。

先ほど、ノートパソコンは自分の「補助脳」であるという表現を使いましたが、パソコンを補助脳にしておくと、自分の脳を、記憶などの余計なことに費やさず、考えるほうだけに使えるようになります。

また、パソコンの先にはネットがあります。私は、自分のメールは全部、**Googleの** **Gmail**に飛ぶようにしています。これは、グーグルが無料で提供するウェブメールサービスで、グーグルの検索機能を搭載し、保存したメールを瞬時に検索することができます。だいたいここ二年分の私のメールは、そこの二ギガの容量があるメールボックスに格納されているので、通信機能付きのノートがあれば、キーワードを入れるだけで、昔のメールで自分も忘れかけているものをすばやく探し出すことができるのです。

この本をつくっている最中に、だれでも登録できるようになりました。詳しくはhttp://mail.google.com/mail/help/intl/ja/whatsnew.htmlを見てください。

職場のパソコンでこそこそ検索したり、家のパソコンを家族に気を遣いながら使うのでは、なかなかじっくり使いこなせません。まずは、自分専用のパソコンを用意しましょう。

［2］速読術で成果を五倍速く出す

文字を読むのが遅いと勉強が続かない

どんな勉強も、文字を大量に読むことが求められます。これは、文字を提供するものが、紙でも、パソコンでも、ホワイトボードでも、なんでも、です。

このときに、読むのが遅いと、読むこと自体にくたびれてしまって、勉強が続きません。たとえば、エアロビクスを習おうとしても、心肺機能が弱くて、ちょっと運動をするとすぐに息が上がってしまうようでは、なかなか続きません。これと同じです。

勉強を続かせるためには、とにかく、自然に、速く、文字を読めるようにします。そのためには、速読の訓練を積むことをお勧めします。

速読を使わず、本や参考書をふつうに読むと、一週間に一冊読めるか読めないかぐらいのスピードになってしまうので、どうしても、社会人は、疲れてやらなくなってしまいます。それが、速読の方法を学んでしまうと、一日に一、二冊読めるようになり、読書の効率がまったく違ってきます。

速読は体操に近いスキル。独学より講習の受講がお勧め

速読術には、英会話学校と同様、いろいろな流儀があり、どれを習っても一定の成果は出ると思います。ただし、独学ではなく、人について習ったほうが楽です。

というのも、速読は、とても体操に近いスキルなのです。体操の仕方は、本を読んで自分で一所懸命体操してもわかりません。誰かについてステップ・バイ・ステップで教えてもらったほうがずっと効果的なのです。

私も最初は、本で独学でやっていましたが、そのあと、正式に通って習いました。私が習ったのは、**「フォトリーディング」**です。正式には「フォトリーディング・マインド・システム」といい、一九九〇年代の後半から発展してきた加速学習や認知科学のノウハウを応用したものです。

日本では**「ラーニングソリューション社」**(http://www.lskk.jp/) が提供していて、二、三日のコースで、一一万三〇〇〇円です。

私がフォトリーディングを習ったきっかけは、複数の友人が習ってきて、いいよ、と勧めてくれたからですが、別の友人は、**「クリエイト速読スクール」**(http://www.cre-sokudoku.co.jp/）に通って、身につけました。これも、英会話学校と同じで、相性があると思いますので、複数のところを比べて、あるいは口コミを聞いて、自分がよいと思った方法で、チャレンジしてみてください。

速読は九〇年代から開発された新しいテクノロジー

速読の技術は、おもに九〇年代から開発されたものですので、私たち社会人が小学生や中高生のときには存在しませんでした。学校で速読の方法を習った人はいないはずです。そのせいか、どうも、信頼がおけないものではないかと考えられがちのようですが、できるようになると、本の読み方が確実に変わってきます。

よく誤解されているように、パラパラと読むだけで、ドラえもんに出てきた暗記パンのように、完全に隅から隅まで中身を覚えて読む方法、というわけではありません。

むしろ、本の概念を大きくつかみ、その本の中で自分が必要なことがどこに書いてあるかをすばやく見つけ出す技術です。**インターネットのサーチエンジンに近い**感じです。

その本について、おおむね、頭の中でどこに何が書いてあるかを覚えておいて、必要があれば本に戻り、そこをじっくり読み直せばいい、という考え方に基づく手法です。

いま、自分のパソコンに入っている情報をすべて覚えている、という人はいないと思いますが、何がどこにあったか、ということを漠然とでも覚えていれば、必要に応じてキーワードを入れて検索することができます。これと同じような仕組みを、自分の頭と本を対象に行うのが速読です。

したがって、速読術を身につけると、すべての本を隅から隅まで読む必要も、斜め読みする必要もなく、本の中のキーワードや、自分がその本で知りたいことをインデックスにして、パラパラさっと見ていくだけで、その本にだいたい何が書いてあるのか、わかるようになります。そして、ほんとうに気になったところがあったら、そこで止まって、ちゃんと読むのです。

読むスピードが五倍になると、成果が出るスピードも五倍になる

速読は、本だけではなく、インターネットのサイトを見るときにも、新聞を読むときにも、とても役立ちます。まずは五倍の効率をめざして、速読術を一つ、身につけてみてください。

10倍RULE⑪　〈読むスピードが5倍になると意欲が続く〉

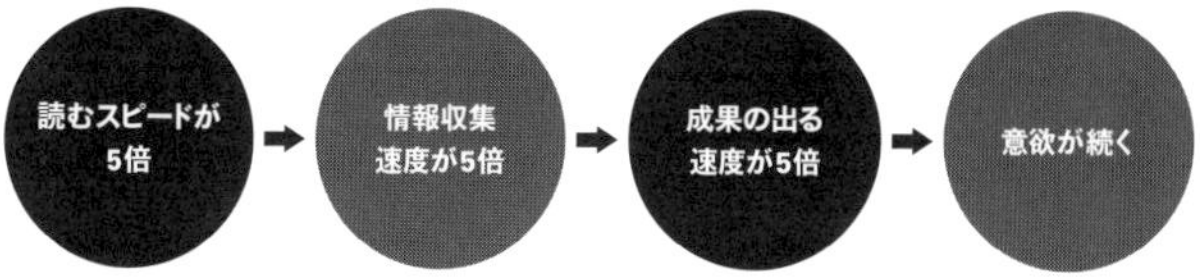

繰り返しになりますが、社会人の勉強が続かないのは、なかなか成果が出ないからなのです。本を読むスピードが五倍になれば、成果が出るスピードも五倍速くなり、勉強を続けるモチベーションにもなるのです。

ちなみに、私がフォトリーディングを習ったのは二〇〇四年ですが、そのときに、講師だった園先生が「この講座に出た人は、けっこうな確率で本を出すようになります」と言っていたのをよく覚えています。

実際、私も二〇〇六年からいろいろ本を出すようになりましたが、これは、フォトリーディングの技術で、読むスピードが上がったことによるところもあると思います。

[3] MP3(MD)プレーヤーで「耳」を活用する

「目」に比べて空いている「耳」をもっと使おう

速読の次に、忙しい社会人にお薦めの道具はMP3プレーヤー(あるいはMDプレーヤー)です。

パソコンや本は、日中の移動の間、満員電車で手がふさがっていたり、階段を上るとき、あるいは切符を買ったりするときには使えません。でも、MP3プレーヤーなら、いつでも聞くことができます。

電車の中は、二十分以上座ることができるときは、本のほうがいいと思いますが、そうでない場合、特に徒歩の時間が長い場合には、MP3プレーヤーがお薦めです。

何を聞くかについては、あとの「耳でする学習」の章に譲りますが、いずれにしろ、私たちの忙しい「目」に比べて、耳は、空いている割には、あまり学習には使われていないことは、ここでも強調しておきたいと思います。

たとえばいま、私はこの原稿をパソコンで打ちながら、耳ではずっと、MDプレーヤーでオーディオブック（英語）を流しっぱなしにしています。そうすると、真剣には聞いていなくても、何となくその内容は頭に入りますし、発音も吸収することができます。

よく、職場や家で仕事をしているときに、音楽を流すと効率が上がるということがありますが、音楽の代わりに、勉強したいコンテンツ、たとえば英語のオーディオブックなどを流しっぱなしにするわけです。

複数のMP3とMDプレーヤーを使い分ける

なぜMP3プレーヤーがいいかというと、小さいからです。MP3よりも多少大きくなりますが、MDでもかまいません。とにかく、ポケットに入るものにして、必ずポケットに入れるか首から提げて携帯する必要があります。

というのは、**カバンに入れたが最後、ほとんど使わなくなってしまう**からです。

さらに、単4のような市販の乾電池で動くものや、あるいはUSBで充電できるタイプのものにしておくと、電池が切れることを気にしなくてすむので、管理が楽になります。

私は、ソニーのHi-MDという、MDの大容量タイプのもの、**クリエイティブラボ**の単4

電池で動くＭＰ３プレーヤー、**ソニーのＵＳＢに直結するタイプのＭＰ３**の三つを使い分けています。

ＭＤは部屋置きに

ＭＤはカセットやＣＤのオーディオブックを録音するときに、パソコンを介さずに高速で録音できるため便利なので使っています。

また、ＭＤはソフトだけを分離して持ち歩けるので、寝室とリビングとにＭＤプレーヤーを置いて、ソフトだけを持ち歩く、という使い方に適しています。

クリエイティブラボのＭＰ３は「Audible」用に

クリエイティブラボの製品は、おもに、のちほど詳しくご紹介する「Audible」という海外のオーディオブックのダウンロードのサイトに対応するため、使っています。Audibleは海外のサイトのため、日本のメーカーでは対応製品が少ないためです。二十グラムもない製品なので、持ち歩いていてもまったく苦にならない重さです。

なお、最近のiPod にもAudibleは対応しています。

ソニーのUSBに直結するタイプのMP3はUSBメモリーとして

ＵＳＢに直結するタイプのＭＰ３プレーヤーは、ＵＳＢメモリーの役割も兼ねて、持ち歩いています。また、ノートパソコンがある限り、どこでも充電できるので便利です。これには、おもにＣＤをパソコンに録音したものを転送しています。

機械が三つあると、全部が一度に電池切れになるということはまずないので、ちょっとした隙間時間に必ず何かを聞くことができ、時間を無駄にすることがありません。

一つひとつの機器は、せいぜい重さ数十グラムで、文庫本よりも軽いくらいです。そこに、何十冊分ものいろいろな情報を詰め込むことができるわけです。
通信教材なども、CDのまま山積みにせず、どんどんMP3やMDに落として、聞いてみることです。

ヘッドフォンをけちらない！

MP3やMDを揃えるときに重要なのは、ヘッドフォンです。ヘッドフォンは、本体機器よりも高いくらいのものを買うことをお勧めします。特に、コードが絡まない、ということが重要です。

次に、うるさい電車や路上でも、音量が小さくても、しっかり聞けるものであること。たとえば、**ノイズキャンセリング**という、雑音と逆の周波を出して、電車の中でも聞きやすくするもの、もう一つは、**カナル型**という、耳栓みたいなヘッドフォンです。カナル型は耳に入れるのに慣れが必要ですが、しっかり止めると、耳栓なので、雑音をシャットダウンしたうえで、小さな音量で聞くことができます。

ただし、ノイズキャンセリングも、カナル型も、けっこう値が張ります。どちらも、いちばん安いもので一万円くらい、高いものだと四万円ぐらいします。それでは、MP3プレーヤーよりも高いじゃないか、と思う人もいると思いますが、そういういい機器に投資することも、勉強が続く仕組みづくりの重要な条件です。

付属品としてついてきたものや安物の三〇〇〇円ぐらいのヘッドフォンだと、ノイズが遮断できないうえ、カバンとかポケットの中でコードが絡み合ってしまって、結局使わなくなります。それでしたら、最初から、ノイズが入らず、コードが絡まないようなものを買ったほうが、使う時間から考えると、結局は安い買い物になります。

とにかく、道具で大事なのは、**道具の値段の絶対額ではなく、道具を買ってから、どうやって使い倒すか、**ということです。たとえ二倍の金額を払ったとしても、使う時間が五倍以上になるなら、そちらのほうが将来の収入につながりやすくなり、投資対効果が高くなります。

［4］キーボード入力速度を倍増する

キーボード入力が遅いと、勉強が続かない？

勉強している中で、キーボードの入力作業は、すべての生産性に関わってきます。紙の時代には、どれだけきれいに、速く、文字を書けたかということが重要でしたが、いまはそれがキーボードに変わりました。のちに本書では、学習はアウトプットも大切だということを繰り返し説明していくことになりますが、アウトプットのときに、いちばん使うのはキーボードなのです。

キーボード入力は、速ければ速いに越したことはありません。メモを取ったり、考えをまとめたり、情報を検索したり。その際、キーボード入力が苦手だと、どうしても、知らず知らずにその初動動作が遅れてしまい、勉強から遠ざかりがちになってしまいます。

親指シフトは、打鍵数がローマ字入力の六割ですむ

私が、この十七年間使っているのは、**親指シフト**という入力方式です。ローマ字も仮名

入力もできますが、親指シフトでないと学習の効率が著しく落ちるので、ほとんど使いません。アナリスト時代にはよく、いったいいつ、こんなにレポートを書くのか、とお客さんや同僚から不思議がられましたが、その秘密は親指シフトにあったのです。

親指シフトとは、一九八〇年ごろに、富士通のオアシスというワープロに搭載されたのが起源で、いまはNICOLAというコンソーシアム（複数の企業の協同体）で共通化しています。特徴は、**仮名入力なのに、ホームポジションでほとんどのキーを打てる**ことです。その秘密は、メインの三段のキーボードに二つずつ仮名を割り当て、親指をシフトキーとして使うことにあります。濁音、半濁音も一ストロークで打てるように工夫されています。

昔から、ワープロの速度競争のようなものでは、親指シフトを使っている人が上位を占めることが知られていましたが、その理由は、ローマ字入力に比べて打鍵数がだいたい六割ですむためです。だから、理論的には、ローマ字入力を使っている人の一・六倍の速さで入力できることになるのです。これは、手で書くよりも、圧倒的に速いスピードです。

入力が速いと思考も進む

いくら打つのが速くても、打つ時間のほかに、考える時間も必要ではないかという疑問があるでしょう。しかし、おもしろいことに、これくらいのスピードで打てるようになると、入力作業が思考を妨げないため、逆に考えがまとまるようになります。入力しながら、こういうことを書こうとか、自分とパソコン上の画面との対話になってきます。

たとえば、後の章で紹介するように、勉強成果をブログにまとめていくのはよいアウトプットの方法の一つですが、キーボード入力が遅いと、それだけでいやになってしまいます。でも、一定以上のスピードで入力できるようになれば、それが苦になりません。

そして、人に読んでもらう文章となるよう、キーボードを打ちながら考える余裕が生まれます。そのこと自体がいい思考訓練になります。

早速、練習！

私はたまたま親指シフトを使っていますが、もちろん、ローマ字入力や仮名入力で達人的に速く打てる人もいるでしょうし、親指シフトのほか、「花」といわれている中指シフトという入力方法もあります。速読と同様、自分にあった方法を見つけてみてください。

ちなみに、親指シフトのことを詳しく知りたい方は、次のサイトにアクセスしてみてください。

NICOLA日本語入力コンソーシアム
http://nicola.sunicom.co.jp/

平均的には、だいたい二十時間くらいの訓練で、ローマ字入力の速度を超えることができます。私も、ほぼ三日の訓練ですみました。また、専用のキーボードやエミュレーターも市販されているため、ほとんどすべてのパソコンで利用することが可能です。

余談ですが、私が『レッツノート』が好きなのは、親指シフトのエミュレーターを入れたときに、比較的無理なく入力ができるためです。これは、スペースキーの大きさや変換キー、無変換キーの配置に左右されます。

［5］マインドマップで、頭の中を整理しながらノートをとる

『マインドマップ』とは、トニー・ブザン氏が提唱した、ノートのとり方・書き方の一種です。表現したい概念やトピックの中心となるキーワードやイメージを図の中央に置き、そこから、放射状にキーワードを広げていくことで、頭の中を整理していきます。

人間の頭の中はこのような構造で物事を考えているため、それに合わせて考えを広げていくことで、短時間に効率的なまとめをすることができます。

ソフトウェアを使って、パソコンにメモ

紙に書いてもいいのですが、パソコン上でこれをつくるためのソフトウェアもいくつか市販されていまして、私はそのうち、**Mindjet社の「Mind Manager Pro」**というソフトウェアを愛用しています。だいたい三万円くらいです。

たとえば本を読んだ、あるいは、講演会に行ったときに、マインドマップのソフトで直接、メモを取っていきます。すると、あとで見直したときも、どんな講演だったかすぐわかります。

出所 WIkipedia

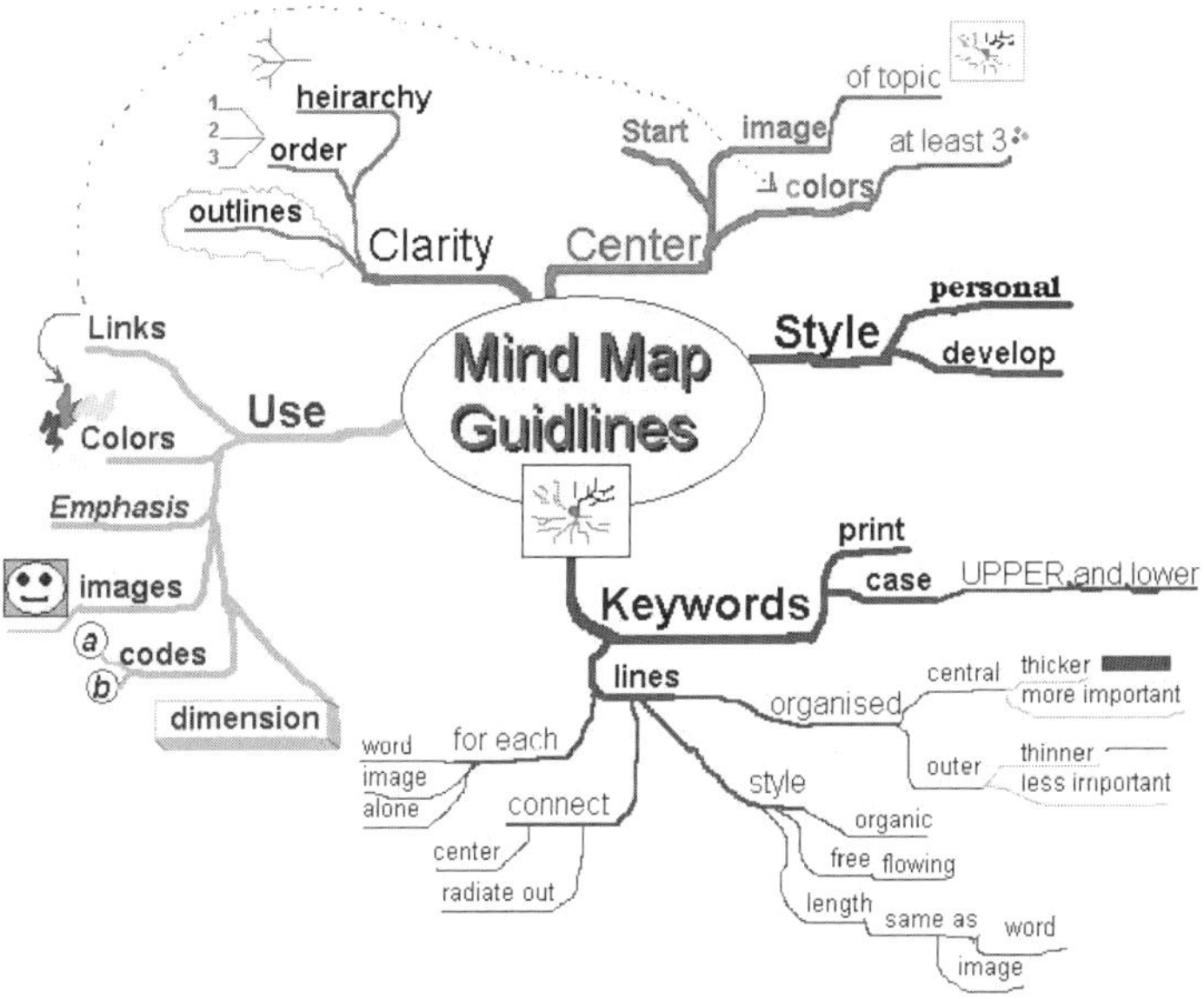

左のページの図表は、私が出席したセミナーを、その場でマインドマップを使って書いたメモの例です。今でも、これを見ると、だいたいの内容を思い出すことができます。

ここまでのまとめ

これで、ベースとしてのノートパソコン、速く情報を得るための速読術、耳を活用するためのMP3プレーヤー、速いキーボード入力、そして効率よくまとめるノートの方法がわかりました。ノートパソコンは必須ですが、ほかの道具について、すべてをいっぺんに揃える必要はありません。一つひとつ、マスターしていくことで、効率のよい学習が可能になっていきます。

ここまでで、なぜ勉強をするのか、どうやったら続くのか、続かせるためにどういう道具が必要かまで説明しましたので、次章では、勉強をする際に必要な共通のコツを紹介していきます。

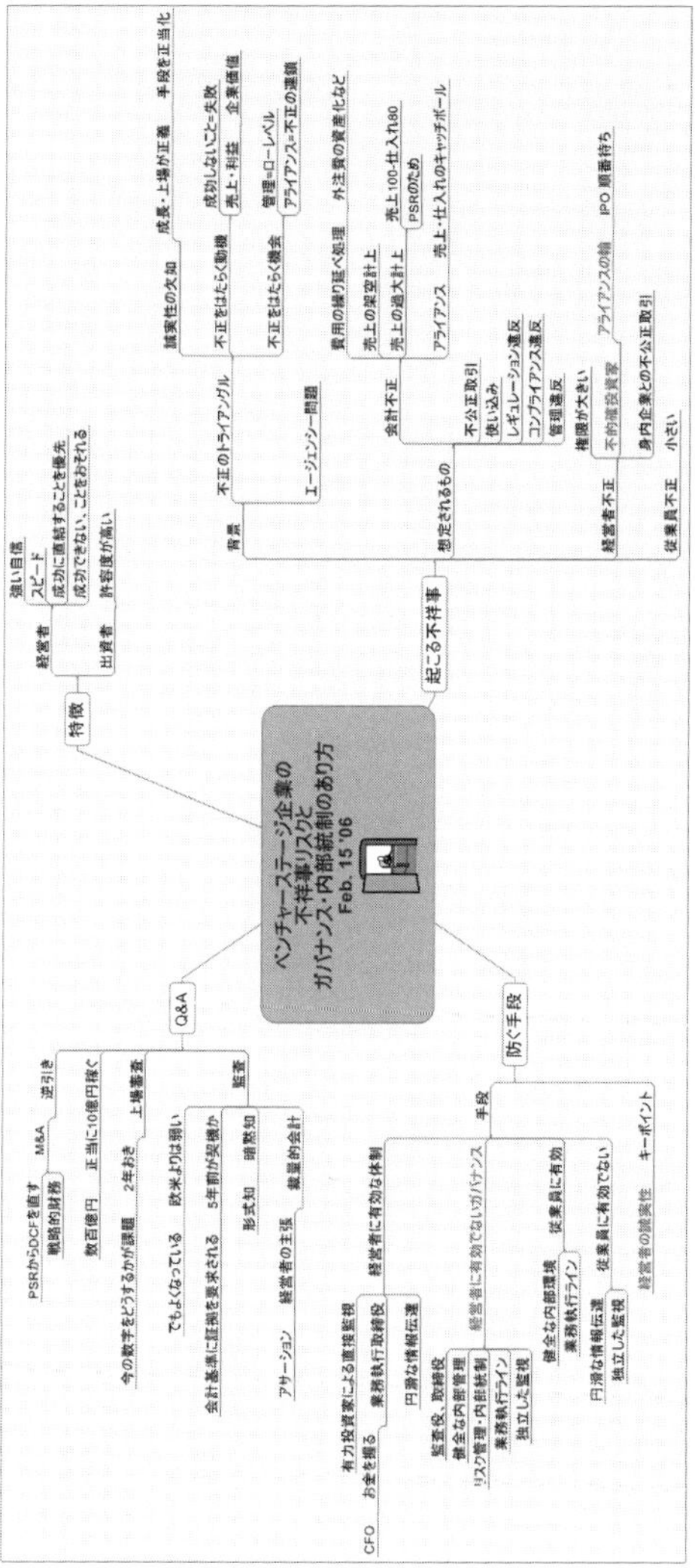
ベンチャーステージ企業の
不祥事リスクと
ガバナンス・内部統制のあり方
Feb. 15 '06
特徴
経営者
強い自信
スピード
成功に直結することを優先
成功できない、ことをおそれる
出資者
許容度が高い
起こる不祥事
背景
不正のトライアングル
誠実性の欠如
成長・上場が正義
手段を正当化
不正をはたらく動機
成功しないこと=失敗
売上・利益
企業価値
不正をはたらく機会
管理=ローレベル
アライアンス=不正の連鎖
エージェンシー問題
想定されるもの
会計不正
費用の繰り延べ処理
外注費の資産化など
売上の架空計上
売上の過大計上
売上100-仕入れ80
PSRのため
アライアンス
売上・仕入れのキャッチボール
不公正取引
使い込み
レギュレーション違反
コンプライアンス違反
管理違反
経営者不正
権限が大きい
不的確投資家
アライアンスの輪
IPO 順番待ち
身内企業との不公正取引
従業員不正
小さい
Q&A
逆引き
M&A
PSRからDCFを直す
戦略的財務
正当に10億円稼ぐ
数百億円
上場審査
2年おき
今の数字をどうするかが課題
監査
欧米よりは弱い
でもよくなっている
5年前が契機か
会計基準に証拠を要求される
暗黙知
形式知
裁量的会計
経営者の主張
アサーション
防ぐ手段
手段
経営者に有効な体制
有力投資家による直接監視
業務執行取締役
お金を握る
CFO
円滑な情報伝達
経営者に有効でないガバナンス
監査役、取締役
健全な内部管理
リスク管理・内部統制
業務執行ライン
独立した監視
従業員に有効
健全な内部環境
業務執行ライン
従業員に有効でない
円滑な情報伝達
独立した監視
キーポイント
経営者の誠実性

4

勉強の基本的なコツを知る

すべての勉強に共通するコツがある！

勉強にも、料理やスポーツと同じで、共通のコツがあります。これをマスターすると、一見、関係ない分野の勉強、たとえば、会計とＩＴと英語などがみな、短時間で身につけられるようになります。

私がお勧めする、そのコツとは、次の五つです。順に、詳しく説明していきましょう。

❶基礎を最初に徹底的に学ぶ
❷先達から、勉強の仕方をしっかり聞く
❸学ぶ対象の基本思想を理解する
❹学んだことを自分のことばでアウトプットしてみる
❺勉強をわくわく楽しむ

［1］基礎を最初に徹底的に学ぶ

基礎を最初にしっかりやっておけば、あとが速い

まず、第一のコツは、とにかく、最初に基礎を徹底的に学ぶことです。

運動でも、はじめはストレッチをして体の柔軟性を保ち、スクワットをして筋力をつけ、ランニングをして心肺機能を強くしてから、細かいテクニックに臨むものです。いきなり、テニスや野球の細かい技術を学んでも、できないことはありませんが、上達のスピードが全然違います。

勉強も同じ。とにかく、ひたすら基礎訓練を行うことが大事です。


たとえば、私は、会計士試験の勉強を始めて一年強で合格していますが、その理由は、最初の半年間、簿記だけを徹底的に勉強したことにあると思っています。

会計士試験は当時七科目もあったため、専門学校のコースをふつうにとると、会計学だけでなく、経済学や商法、監査論なども並行して学び始めてしまいます。でも、それはまるで、英語を身につけようとするときに、しっかりとした文法の知識や豊富なボキャブラ

リーもないのに、いきなり英字新聞を読み始めるようなもので、勉強量の割には効率が悪い。だからこそ、英語を習うときには、枝葉に入る前に、ヒアリング、グラマー、ボキャブラリーと、順番に積み立てていくわけです。

会計士試験も同様です。会計士試験とは、会計士になる資質と最低限の知識を備えた人を選抜する試験です。したがって、まずは、「仕訳レベル」でしっかりと簿記がわかり、企業会計原則がわかることが重要。試験委員が少しくらい問題をひねったとしても、しっかり問題に対応できるだけの会計学が必要です。

それには、簿記の基礎訓練をやるのが、遠回りなようで、実はいちばんの近道なのです。それがわかると、財務諸表分析でも、原価計算でも、応用である経済学でも、短期間で学ぶことができます。

とにかく、会計学に限らず、何かの分野を学ぶときには、基礎訓練をひたすらやることをお勧めします。

基礎学習の「飽き対策」の仕組みをつくる

では、なぜ、専門学校その他はそういうプログラムを組まないのか？

10倍RULE⑫　〈最初に基礎を徹底的にやると、あとが速い〉

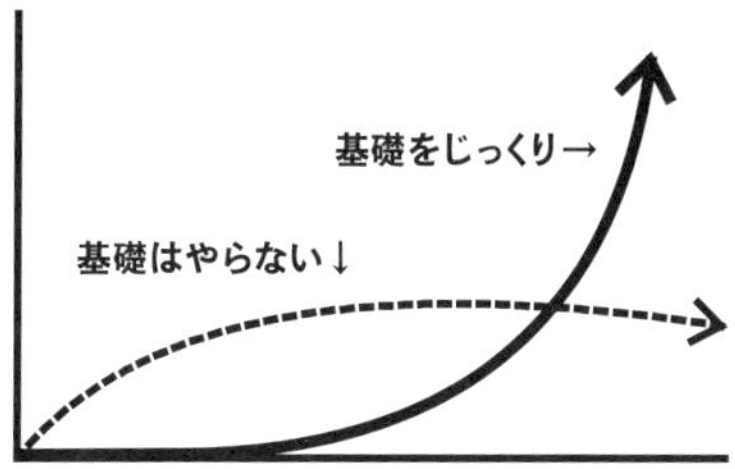

それは、基礎訓練はそんなにおもしろくないので、やるほうが飽きてしまうからです。でも、だとしたら、その「飽き対策」の仕組みをつくればいいわけです。これには、二つの仕組みがあります。

❶進歩の様子を計量できるようにしておく

一つは、その基礎訓練がちゃんと身についているということを実感し計量できる状態にすること。

英語でしたら、ボキャブラリーにしろグラマーにしろ、身についたものが、TOEICの点数などでだんだん上がっていくのがわかるような仕組みをつくっておくわけです。

速読もたまにチェックしてみて、前は一分間に六〇〇文字しか読めなかったのが、今は一〇〇〇文字読めるというかたちで計量していくと、飽きがきません。簿記も、三級、二級、一級とだんだん級が上がってくると、おもしろくなります。

❷ 今やっていることを将来のビジョンとつなげる

もう一つは、なぜそのことをやっているのか、将来にどのようなつながりがあるのかを理解し、忘れないようにすることです。

簿記を勉強しているときには、簿記をマスターすることが最終ゴールではなく、会計士や経理の専門家になること、あるいは経営分析を身につけて上級管理職や経営陣の一員になることが自分の本来のゴールであるということを思い出すこと。

英語なら、文法を覚えることがゴールなのではなく、ネイティブに近い英語力を身につけて、情報収集・マーケティング・製品開発などに生かすのだという本来の自分の目標を見据えます。

半年間、基礎力をつけることに集中する

私は公認会計士試験を受けるのに先だって、半年間、簿記だけを徹底的に勉強したと述べましたが、この「基礎を半年間」というのは、すべての勉強に共通する汎用的な勉強法

です。

私の友人で、ご主人の仕事の関係で海外に赴任になったのをきっかけに、現地で一年半の独学の末、司法試験に受かった人がいます。この人の勉強方法も、やはり、最初の半年間は、ひたすら法体系の全体像をつかむことに集中し、細かい理論や判例には一切入っていかなかったそうです。

短期間で結果を出す人たちに共通するのは、**辛抱強く、半年間、基礎力をつけることに集中できる、**ということです。スポーツを想定してもらえれば、基礎力がつかないと応用力もつかないというのは理解しやすいと思いますが、勉強でも、まったく同じなのです。

[2] 先達から、勉強の仕方をしっかり聞く

二つめのコツは、その道の先達から、勉強の仕方を聞くことです。ここで間違えてはいけないのは、**勉強の内容を聞くことではありません。**どうやって、その先達たちは上達したのか、具体的な勉強のやり方や手順を学びます。

勉強をしようと思ったときに、たいていの人がまず行うのは、いきなり本や教材を買ってきたり、通信教育や専門学校に通おうとすることです。けれども、まずは、人から聞くことが最重要です。

まず、人から学ぶ。そのうえで、補助的に、本や教材を使うのがいいと思います。

かくいう本書も「本」なのですが、本というのはどうしても情報量が落ちるからです。ほんとうは私が直接、読者のみなさんに細かいニュアンスを伝えることができれば、もっとわかりやすいかもしれません。とにかく、勉強ができる人や自分がめざす能力に長けた人が周りにいたら、その人がどういうふうに勉強したのかということを、はじめに聞いてみましょう。

10倍RULE⑬ 〈まず、人から、方法を学ぶ〉

私が会計士試験を受けようかなと思ったのは高校生のときですが、そのとき、最初に行ったのは、姉や知り合いに頼んで、大学生時代に現役で合格した会計士の人を紹介してもらうことでした。そして、三人の会計士の人に、どうやって勉強したのかを聞き、勉強の組み立て方を考えました。

前述の、半年間簿記だけをしたほうがいい、というのは、大学三年のときに合格せず、四年生のときに合格した先輩の失敗経験からのアドバイスによるものでした。

モデルとなる先達はインターネットでも

よく、学校や資格受験のときに、合格者が合格体験記を書くことがあると思います。これも参考になります。みんながどうやって勉強して、どう失敗して成功したかがわかっていれば、同じ失敗は繰り返さないですし、成功に近い道をとれるようになります。

でも、身近にそれを口頭で聞くことのできる人がいるのだとしたら、合格体験記を読むよりはずっと理解が早いはずです。


「学ぶ」とは「真似る」ことだとよくいわれますが、**まず「マネ」から入る**のです。もちろん、身近なところにそういう人がいるとは限りませんが、最近は、インターネットがあります。キーワード検索をすれば、先行している人がいくらでもわかります。どういう人がどういうノウハウを持っているかという情報を、まずはネットから擬似的に学ぶことができます。

迷惑にならない程度に礼をもってアプローチして、メールでコンタクトをとれば、会ってくれることもあるでしょう。

成功した先達の話を聞くと、そのやり方を学ぶだけではなく、前項の「基礎力の飽き対策」にもなります。先達を「モデル」に、最後にはあの人のように成功するのだと夢を持ち、勉強を続ける力になりますから。

［3］学ぶ対象の基本思想を理解する

そもそもその分野は何のために存在するのか？

三つめが、学ぶ対象となる分野の**基本思想や基本構造をしっかり理解する、**ということです。

［1］の基礎固めとやや似ていますが、こちらはより概念的なものです。その分野の知識や資格は何のために存在し、世の中にどういう貢献をしているのか、そして、その知識体系を得ることで自分にはどのようなメリットがあるのか、ということを理解するのです。

たとえば、これから会計士試験を受けるというときには、そもそも会計とは何のためにあるもので、どういう構造でできていて、どういう思想があって、現在、存在するのか、ということをまず学ぶ必要があります。

そして、その会計という分野の中で、会計士というのはどのような役割を果たしており、そのためにはどのような資質やスキルが求められるのかを理解するのです。

それらがわかったうえで勉強を始めるのと、そうでないのとでは、勉強の効率も楽しさも、上達の速さも深さも、将来の応用力も、まったく異なります。

会計はビジネス言語として存在する

会計を例に、もう少し説明しましょう。会計は、そもそも何のために存在するかというと、そのもともとの理論的な背景は、「仕事のいろいろな活動を金銭的価値で測定し、その結果をもって、利害関係者の意思決定に役立てよう」というものです。このため、「ビジネスの言語」ともいわれています。

したがって、数学のように理論的なものというより、実務慣習から積み上げられた、曖昧で、ある意味、フレキシブルなものです。決まりきったものではないのです。

したがって、「言語」の単語に当たる「仕訳」の数をどれだけ覚えているか、理論的に借方と貸方、貸借対照表と損益計算書がどうつながっていて、それらが何を表すために存在しているのか、ということさえ覚えておけば、そのあとの応用編である、財務分析にも、監査にも、管理会計にも、対応できるようになります。

また、会計士は、株主と経営者の間のコミュニケーションコストを下げるという役割も担います。

株主が経営者にしてほしいと思うことと、経営者がやりたいと思うことには、どうしても違いがあるため、その違いが大きくならないよう、財務諸表のかたちで、会計という言語で、経営者と株主のコミュニケーションを図るわけです。

ここで、経営者のほうが株主よりも多くの情報を持っているため、悪意がある経営者がいると、株主をだますことも可能になります。そのため、中立的な会計士が、経営者がつくった会計の結果を監査することで、この問題を解決しようとするわけです。

だからこそ、会計士は、会計をわかっているだけでなく、会社法も、租税も、経済学も理解していないといけないのです。

英語と日本語の歴史的違いを理解すれば勉強法も変わる

では、同じように、英語についてもみてみましょう。英語の基本思想を理解するのです。英語が現在のように国際的な標準語として用いられているのは、イギリス、アメリカの国力によるものだけでなく、比較的わかりやすい、簡単な言語体系になっているからでもあります。

でも、その英語も、もともとはもっと複雑な言語でした。それが、中世、イギリスがフランスに占領されていた間に、イギリスの上流階級が使わなくなり、労働者階級のみが使うようになったことにより、文法が大きく簡略化されていったのです。そうして、簡単になったからこそ、言語としての効率が増し、普及が進んだというわけです。

英語と日本語を比べると、英語のほうがずっと文脈の構造がわかりやすくできていますが、これは、英語が、日本語のように同じ文化を共有してきた人が曖昧に使う言語ではなく、異文化の人たちがコミュニケーションを交わすことのできる言語として成り立ってきたためです。だからこそ、英語の勉強では、日本語よりもずっと文法が重要なのです。

また、英語はどちらかというと、目で読むよりは、耳で聞くのに向いている、音声系の言語です。それに対して、日本語は、目で見て書くほうが効率的な言語になっています。だからこそ、英語は、読み書きを中心に勉強するより、ヒアリングを熱心にしたほうが、ほんとうは上達が速いのです。

こうした、英語と日本語の基礎的な違いをわかったうえで英語を学ぶのと、知らないで学ぶのとでは、勉強の効率がまったく違ってくるのは言うまでもないでしょう。こういう英語の成り立ちの話は、英語や歴史の時間に先生がしていると思いますが、みな、興味がないので、忘れてしまっていることが多いわけです。でも、こういうことを知っていれば、ヒアリングもおろそかになりませんし、日本人が陥りがちな弱点も効率よく補完できます。

資格試験は、それによって輩出したい人物像を事前に理解する

このように、学ぼうとしているものにはすべて思想があります。勉強の対象の基本思想を理解しておくことが大事です。

さまざまな資格試験も同様です。学校や就職試験を受けるときは、受験要項や会社案内に記載の「この学校はこういう生徒を求めています」「我が社のミッションはこれです」といったことを熱心に研究すると思います。そのうえで、試験対策を立てるでしょう。

同じように、資格試験を受けるときは、その試験がどういう人物を輩出するためにつくられている試験なのか、どんな能力を測ろうとしているのか、さらにこれまで、どういう人たちが入れたのかを見抜いておかないといけません。それを行わずして、専門学校の枝葉末節のテクニックに走っても、なかなか試験には受からないし、効率も上がりません。

仕事の基本思想を理解し、求められる能力を要素分解するスキル

とにかく、枝葉末節に走ることなく、一度、大局的に、俯瞰して見て、求められている

10倍RULE⑭〈まず基本思想を理解する〉

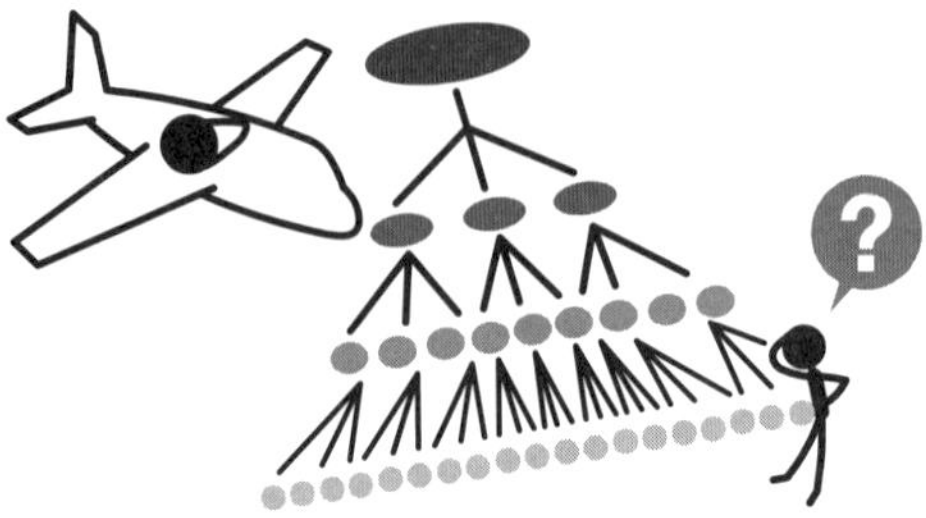

資質を理解して、それにそった勉強を行っていくことです。そのほうが効率的ですし、モチベーションも続きます。

さらに、このやり方を身につけると、英語やIT、資格試験といった、結果のわかりやすいものだけでなく、日常の業務に必要な能力を磨くことにも応用できるようになります。

所属している会社の戦略は何か？　何をめざしているのか？　自分の部署はその戦略の中でどのような役割を果たしていて、自分はその中でどのような能力を発揮することを求められているのか？　ということが理解できるからです。

つまり、基本思想を学び、そこで必要とされる能力を要素分解するのです。

このスキルもまた、あらゆる勉強に汎用的に使えるものです。ぜひ身につけてください。

［4］学んだことを自分のことばでアウトプットしてみる

インプットとアウトプットに、勉強時間を半分ずつ使う

あらゆる勉強に共通する勉強法のコツの四つめは、学んだことを、自分のことばでアウトプットし再現してみること。これをなるべくたくさん行うことが重要です。

私は、インプットとアウトプットの時間は半々がいいと思っています。すなわち、三時間学んだら、三時間をアウトプットに費やすくらいの配分が望ましい。半々にしようと思っていても、きっと七対三くらいになってしまうでしょうが、まったく考えないでいると、九対一くらいになってしまうものです。とにかく、なんでもアウトプットしようと思ってください。

アウトプットしてみてはじめて、ほんとうにわかっているかどうかがわかる

なぜ、アウトプットが大事なのでしょうか。

人間の思考や、考えていること、思っていること、覚えたと思っていることというのは、

実は非常に曖昧なものです。いま、私は考えてきたことを、ここで文章にしていますが、もし、ことばでうまく表現できないことがあるとしたら、それは、実は、まだよくわかっていない部分があるということです。たとえ勉強してきたのだとしても、ことばにするほどにはわかっていなかったのです。

なぜ試験が勉強に効果的かというと、自分の進捗を点数のかたちで確認できることのほか、無理矢理、学んできたことをアウトプットする装置になるからです。なんとなく曖昧なインプットばかり繰り返し、それで勉強したような気になっていたものの、実は、ちっとも身についていなかったということは珍しくありません。これは、ガリ勉型の勉強熱心な人が陥りがちな罠です。

資格試験のもっとも簡単な合格法の一つに、ひたすら過去問をやるという方法がありますが、これのいいところは、ひたすら書いてアウトプットすることになる点です。アウトプットレベルで自分がわかっていないところを確かめてインプットに戻る、というフローができて、効率がいいのです。

過去問＋模擬試験で、アウトプットからインプットにいく方法もある

10倍RULE⑮〈INPUT：OUTPUT＝1：1が望ましい！〉

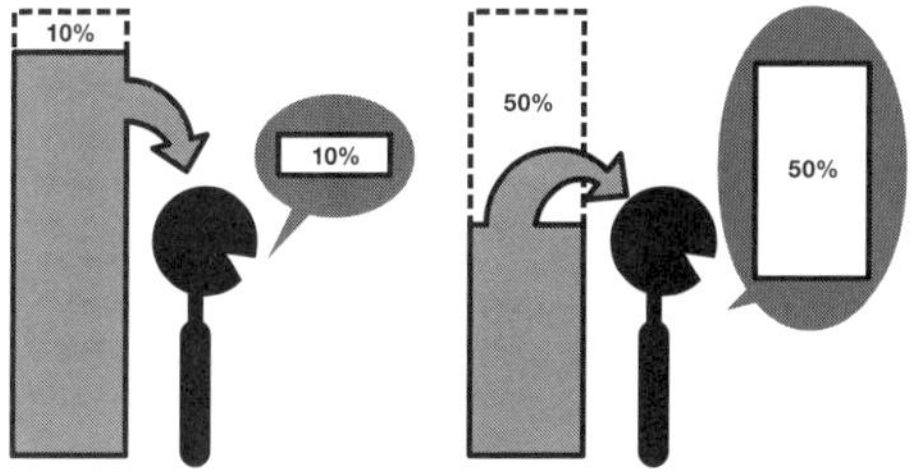

社会人が資格試験を受ける場合、自分がほんとうに取りたいものと義理で取らなければならないものがあると思います。

たとえば私も、証券会社に入社したときに、証券外務員資格試験という、証券会社で商品の説明をするときに持っていなければならない資格をとることになりました。それも、二種、一種と、試験が二段階に分かれています。

人事部に行くと、本を貸してくれたのですが、五冊ぐらいあって、投資信託からオプション取引まで、細かいことをいろいろと覚える必要があります。合格の基準は七〇％以上の正解率です。これを頭から勉強すると、たいへん時間がかかりそうでした。

しかも、正直、あまり興味の持てる内容ではありません。

そこで考えたのが、過去問題＋模擬試験によるアプローチ法です。ウェブで検索をしたら、過去問題と模擬試験が詰まったCD－ROMが出ていたので、それを買ってひたすら解き、点数が悪かったところだけ、もう一度教科書に戻って理解する、それからまた問題に戻る、というのを繰り返しました。

この方法により、ふつうに勉強すると一、二ヵ月はかかりそうなところを、わずか数日で合格レベルまで達することができました。周りの同僚でなかなか受からなくて困っていた人に、このCD－ROMを貸すと、同じやり方で、みな受かっていきました。

通信教育や通学は、強制的なアウトプットの場を活用する

ですから、一人で勉強する際には、どんな仕組みでもいいので**アウトプットを起点にして、そこからインプットに戻る、という方法**をとることをお勧めします。それが早道です。

通信教育では定期的に課題を送る必要がありますが、締め切りがきたら、勉強が不十分でもいいから、課題を出してください。そうすれば、何を勉強すればいいのか、すぐにわかります。

また、通学がいいのは、定期的に試験があることです。社会人向けの夜間スクールや社会人大学院が流行っていますが、通う先や授業を選ぶときも、なるべくアウトプットを出させるものを選んだほうがいいと思います。アウトプットが多い勉強は、みな面倒なので敬遠する傾向がありますが、それこそがもっとも大事で、効率のよい、勉強の近道です。

テストや資格試験に限らず、自分でブログをつくって、勉強してきたことをどんどんまとめていくのもいいですし、あるいは、職場で学んできたことを実際に応用して、使ってみるのもいいと思います。とにかく、インプットしたときと同じくらいの努力や時間を、アウトプットに費やしてください。

［5］勉強をわくわく楽しむ

世の中のパズルを埋めている実感が、勉強を加速度的に楽しくする

勉強のコツの最後は、勉強をわくわくと楽しむことです。はじめはつまらなく感じた勉強でも、続けていくうちに、ここところがつながるのか！　などと、突然、目から鱗が落ちることがあります。

たとえば、法律の勉強をしていても、いまひとつおもしろくなかったりしますが、新聞で会社法のことが詳しく書いてある記事を読むうちに、「そうか、会社法って、私たちが勤めている組織に関する法律で、実はとても大事なことなんだ」などと、新しい発見が生まれてくるようになります。

そうすると、それまで知らなかった、世の中の事象のつながり、社会現象の別の視点、歴史的背景などが見えてきます。そして、自分の知っていることはなんて小さなことだったんだろうと感じ、さらに知識欲がわいてきます。

学んだことに対して、世の中のパズルの中で、自分がいまこういうところを埋めている

という感覚がわかってきて、だんだん勉強自体が楽しくなってくるのです。勉強の範囲と深さが広がるにつれ、加速度的に楽しくなってきます。

たとえば、エアロビクスで、踏めるステップがだんだん増えてくると、昔できなかった流れが、より容易にできるようになり、どんどんエアロビクスの次のクラスが楽しみになってきます。

勉強も、それとまったく同じ感覚です。初心者のころは、エアロビクスのクラスに出ても、みんな華麗に踊っているのに、自分は踊れなくて悔しい思いをすると思います。しかし、それを我慢してやっているうちに、できるようになると、楽しくてたまらなくなりませんか？

社会人が継続的に勉強するノウハウもインフラもまだ未熟

勉強法の問題は、世の中には、スポーツクラブなら、至れり尽くせりで楽しいところがいっぱいあるのに、なぜか、子ども向けにも、社会人向けにも、勉強そのものを教えてくれるクラブが滅多に存在しないことです。

たとえばテニスをするのだったら、ラケットのメーカー、重さ、ラケットの振り方、握り方まで示してくれないと、初心者はなかなか動けません。勉強はほんとうにスポーツに似ているので、同じように、勉強法そのものを基礎から教えてくれるところがあってもいいはずなのに、それがないのです。

日本で社会人が継続的に勉強することの必要性が特に意識されてきたのは、まだ、ここ十年くらいのことなので、社会人向けの学習カウンセリングの機能が十分ではないためでしょう。生涯教育が提唱されたのは、四半世紀前の中曽根中教審でのことですが、文科省がそれを強く言い出したのは、ここ十年間の話です。

これからは、自分で勉強のスキルを身につけないと、生き残れない

いわゆる失われた十年の前までは、社内のＯＪＴに頼っていれば問題なく出世できましたし、組織にも対応できました。つまり、これまでは、組織という船に乗っていれば安心だったので、あえて船の外で泳ぐスキルをつける必要がなかったのです。ところが、最近は、いつ、その船が転覆するかわからなくなりました。あるいは、転覆しないまでも、船から追い出されて小舟に乗せられたり、別の船と統合してしまうことも増えてきました。

10倍RULE⑯　〈ホワイトカラーも頭の基礎が必要〉

それだったら、自分で勉強のスキルを身につけておいたほうがいいし、荒波に落ちても自分で泳げるようにしておいたほうがいいということになります。

ブルーカラーの人が技術や体を鍛えるように、ホワイトカラーの人たちも、日夜、頭を鍛えないといけなくなりました。しかし、その頭の鍛え方、特にどうやって、わくわくしながら学ぶかというノウハウはまだ、うまく流通していません。

けれども、社会人に勉強法がますます必要になっているという流れは不可逆です。この本から細かいノウハウを学ぶことにより、わくわく楽しんで勉強をする快感を、ぜひ、人よりも早く身につけてください。

5 目でする勉強
本・新聞・雑誌・ネット

五つの学習のコツがわかったところで、より具体的な勉強の方法に移ります。

勉強の基本は、何かから情報をインプットする、ということですが、インプットの入り口は、おもには目と耳しかありません。匂いとか感触とか、ほかの五感もあるのですが、残念ながら、目と耳しか、ことばを理解できるところはないので、まずは、自分の目と耳を勉強の道具として、意識していきます。

まずは、目から説明します。私たちが概念を理解するには、ことばにしてもらうのがいちばんです。そして、そのことばの処理スピードがいちばん速いのが、目です。したがって、目から拾う情報量は、とても多いものになります。

社会人の勉強のための読み物としては、本、雑誌、新聞、ネットがありますが、重要なのは、情報が重ならないように、情報源を分けるようにすることです。

本は乱読でいい。量が勝負と、ひたすらインプットする

まず、本について説明しますと、基本的に私は、乱読でいいと思っています。気が向いた時間に、気が向いた方法で、ひたすら、情報を目からインプットしていくわけです。なぜ乱読でいいかというと、社会人は忙しいので、自分に必要な情報を選んでいるだけでも、時間がたってしまうからです。

ただし、**乱読をする条件としては、速読か速読に近いような文字の処理能力がついていることが前提**になります。だいたい、訓練していない人が読める文字数は一分間四〇〇〜六〇〇文字です。これを、第三章で説明したフォトリーディングなどの手法を学ぶことにより、五倍から十倍の処理スピードにしていきます。

乱読がよいことの背景には、人間の能力というのは実はすごい、ということがあります。ふだん、新聞も、全部読むわけではなくパラパラめくって、標題と雰囲気だけを覚えているだけなのに、あとであそこにあれがあったなどと、思い出せませんか？

英語が、たくさん聞いているうちに、ある日突然、聞き取れるようになるのと同じよう

に、とにかく**量が勝負と、インプットを繰り返していくと、それが一定量を超えた瞬間、ある日突然わかるようになります。**

仕事で、先輩が書いている書類とか、仕事のやり方をひたすら目で見ていくうちに、いつの間にか、その書類の書き方とか、挨拶の仕方、動き方などが、知らず知らずのうちに脳の中にたまっていくのと同じです。そこに到達するまで、自分の能力を信じて、ていねいにでなくていいので、ひたすら、インプットを重ねてください。

問題意識を持って、質のよい情報を乱読する

もっとも、いくら乱読でも、以下の二つについては、心がける必要があります。

❶ 質のよい情報を乱読すること
❷ 頭の中に、必ず、「○○の情報を探しているのだ」「○○のスキルを身につけるのだ」という問題意識を用意しておくこと

つまり、**乱読というのは、質のよい情報の中から自分の問題意識にあったものをスキャンする能力**になります。

では、質のよい情報はどのように選んだらよいのでしょうか。良書を選ぶ方法を四つあ

げます。

❶いちばんいいのは、**本好きの目利きの、リアルの友人に聞く**ことです。これはかなり確実です。読書のプロに聞くようなものです。周りに、本の虫みたいな人がいたら、どんどん情報交換をしてみてください。

❷次にいいのは、ＳＮＳやブログの書評などから、**ネット上で信頼ができる人が推薦する本を読む**こと。周りに読書のプロがいないときや、あるいはもっと幅を広げたいときに試してみてください。雑誌の書評でもいいのですが、どうも、通り一遍の内容のことが多いので、私はネットで書評を探すほうが好きです。

❸あとは、ぶらぶらと本屋を歩きながら、**店頭で題名と目次を実際にチェック**してみましょう。題名が的確か、目次の構成がわかりやすいか、論理立てがされているかなど、どのくらいていねいにつくられているかをチェックします。繰り返すうちに、パラパラと本をめくるだけで、それらが判断できるようになりますので、そこで、ちゃんと自分が知りたい内容が書いてある本だけを買うようにします。うっかり、変な本を買ってしまうと、お金と時間の無駄になりますから。

❹ 究極には、「**とにかく乱読**すること」。よい本との出合いは確率論なので、乱読すれば、一定量は、よい本が手に入ります。

結局、期待して買ったものの中には、ほんとうに目から鱗という本は意外と少なく、それよりも、なんとなく店頭で目にとまったり、何かのついでに買ったような本に、良書が潜んでいることが多いように、経験的には思います。

一般誌を読む時間を減らし、その分、専門誌または書籍を

雑誌や新聞について、私がお勧めしたいのは、雑誌、特に一般誌については読む量を減らすことです。そして、その減らした時間を、専門性の高い雑誌にする、あるいは、書籍にするのです。なぜなら、一般誌は、時事ものの情報の速度では新聞に負け、内容の深さでは専門誌や本に負けるという、中途半端さがあるためです。

もちろん、一般誌でも、自分が頭に置いているフックにひっかかるような特集があって、読みたいというのならかまいませんが、なんとなく読んでいると、暇つぶしにはなっても勉強とは結びつきません。「はじめに」で、教養と雑学の違いを説明しましたが、雑誌の

情報というのは、どうしても雑学のレベル止まりになる傾向があるということには気をつけておいたほうがいいと思います。

では、専門性の高い雑誌とはどういうものかというと、新聞ではフォローしていないような情報を取り扱うものです。たとえば、私がとっているのは、『會計』という会計の専門誌、『証券アナリストジャーナル』『会計監査ジャーナル』『日経デザイン』などです。

テレビは、時間当たりの情報量が非常に少ないので、時間の無駄

そして、これらの目でする勉強の時間の捻出のため、圧倒的に削ったほうがいいのが、テレビの視聴時間です。日本人は、平均で平日に四時間もテレビを見ています。

ところが、テレビは時間当たりの情報量が少なすぎます。本で三ページぐらいの内容を、延々一時間かけてやったりしているのですから、娯楽という意味では楽しいかもしれませんが、勉強という面からは時間の無駄です。

あえて減らそうと思わなくても、速読などで自分の情報処理のスピードを上げると、テレビのスピードに耐えられなくなってしまうはずです。目で見る勉強、本・雑誌・新聞・ネットのいいところは、自分の処理スピードで読めるところです。だから、テレビの時間を減らし、その分、本・雑誌・新聞・ネットに振り向けたほうが勉強の効率は上がります。

それでもテレビを見たいのなら、ながら見はやめて、**見たい番組だけハードディスクに落とす**ようにすることです。テレビでしか見られない番組などは活用したほうがいいのですが、目的意識もなく流しっぱなしにするのはやめたほうがいいです。

ブログとSNSで、ネット上で人から学ぶ

ネットの活用では、**ミクシィ**のようなSNSや、**テクノラティ**のようなブログの検索エンジンが便利です。グーグルやヤフーですと、ブログに書き込まれたことが検索できるようになるのは、掲載から数日遅れとなりがちですが、テクノラティだと、二、三時間後には検索できます。(http://www.technorati.jp/)

ブログの書き込みにニュースを引用して、コメントをつけているケースが多いため、このテクノラティを使うと、新しいニュースですら、ブログを見にいったほうが速く検索できて、あっという間に情報が得られます。

SNSでの検索が便利なのは、なんといっても口コミの情報です。最近は、ミクシィのほうが、アマゾンよりも本のレビュー数が多いし、ブログについても、オープンブログよりもミクシィの日記のほうが断然多かったりします。

学習のコツの一つとして、先達から学ぶのが効率的という話をしましたが、インターネットのすごいところは、そこら中に先達がいて、アクセスができることです。

たとえば、私も、統計学のソフトウェアの使い方や、人口学などでわからないことがあると、ミクシィの統計学や人口学のコミュニティにいって質問します。すると、大学の先生や専門家から、ちゃんと返事が返ってくるのです。

目でする勉強のまとめ

もう一度、目でする勉強の、それぞれの媒体の使い分け方をまとめておきます。

とにかく、速いスピードで文字を処理する能力を身につけて、どんどん目から、いろいろな情報を積極的に吸収してください。

本………もっとも汎用的に使える情報源です。
とにかく、興味があるものを乱読して、知識をためていきます。
新聞……時事情報を得るために、流し読みします。
雑誌……専門誌から、先端の情報をまとめて得ます。
ネット…ブログやSNSを活用して、そこにつながっている人から上手に学びます。

6 耳でする勉強
オーディオブック・音声コンテンツダウンロード

隙間時間には、耳での勉強を

目でする勉強は、インプット量は多いのですが、一つ問題があって、それは、できる時間が限られてしまうことです。私たち社会人の生活では、新聞を朝十分読むのもたいへんですし、本もせいぜい一日に三十分から一時間がいいところでしょう。ネットも、パソコンを持ち歩いていないと、長時間はできません。

実際、本は腰を据えて読む必要があるので、二十分ぐらいないときついですし、新聞、雑誌も十分以上ないと、効率が上がりません。

でも、こういった隙間時間でも、五分、十分で、ざっと目で見る勉強をする癖をつけておくことです。隙間時間の目の勉強にいちばん向いているのはネットで、数分あればなんとかなります。

目のための隙間時間を埋めてしまうと、次に使えるのが耳での勉強です。目の勉強の時間は、もうこれ以上つくれないでしょうが、ぼーっと街を歩いているときや満員電車の中など、耳を使う余地なら、一日数時間単位であるはずです。

ただ、耳での勉強には、目と比べて、やや工夫が必要です。たとえば、よく飛行機のファーストクラスに置いてある**ノイズキャンセリングフォン**のように、人の声は聞こえるけれども、雑音は遮断されるようなヘッドフォンを用意する必要があります。

オーディオブックをMDやMP3プレーヤーで通勤時間に

耳でする勉強は、目の勉強に比べて、あまり一般的ではありませんが、もっとも代表的な方法は、オーディオブックを活用することです。オーディオブックとは、本の朗読がCDやカセットに収録されて、売られているものです。あるいは、ブロードバンド環境があれば、各種サイトからオーディオブックをダウンロードすることができます。

つまり、本を読む代わりに、オーディオのかたちで本を聞くわけです。

オーディオブックは紙をめくらなくていいので、CDからMDやMP3プレーヤーに移し替えて、あとは通勤時間に聞けば、満員電車でも、階段を上り下りしているときでも、定期券を出しているときでも、いつでも勉強時間になります。

オーディオブックは日本ではあまり一般的ではありませんが、車で移動することの多いアメリカでは、ほとんどのベストセラーはオーディオブックになっています。英語のオーディオブックは品揃えがよいうえ、英語の勉強にもなり、とてもお勧めです。

単に英語の勉強をするのに比べて、飽きがきにくく、ヒアリングを上達させたい人、発音を上達させたい人、ボキャブラリーを増やしたい人などは、どんどん英語のオーディオブックを隙間時間に聞くことをお勧めします。

また、オーディオブックは著者自らが吹き込んでいたり、文字には表しにくいような行間が抑揚でこめられていたりしているため、自分で読むと平坦になりやすい文章も、新たな気づきを伴って、私たちの頭に働きかけてくれます。たとえば、クリントン前大統領の自伝はクリントン氏自身が読んでくれますので、まるで、クリントン氏の自宅に招かれて昔話を聞いているような、そんな錯覚を起こすくらいです。

英語のオーディオブックで英語の勉強を

初心者向けのやさしい英語のオーディオブックだと、たとえば、**『Who Moved My Cheese?（チーズはどこへ消えた?）』や『The 7 Habits of Highly Effective People（七**

つの習慣)』などがお薦めです。もともとの中身をよく知っていて、かつ、ボキャブラリーがやさしく、読み方のスピードもゆったりしたものが入門に向いています。

ちょっとむずかしいものとしては、**『THE GOAL(ザ・ゴール)』**とか**『AS A MAN THINKETH(原因と結果の法則)』**などもあります。値段も本とあまり変わらず、一冊、一〇〇〇～三〇〇〇円くらいです。

オーディオブックの話は細かく説明すると、これだけで一冊の本が書けるくらい、奥が深いのですが、詳しくは下記の私のブログにまとめていますので、興味がある方は、ぜひアクセスしてみてください。これから、そのエッセンスを紹介していきます。

CD、テープを聴いて勉強しよう!!

http://kazuyomugi.cocolog-nifty.com/audio_book/

どこから入手するか?

まず、どこからコンテンツを入手するかということですが、英語のオーディオブックなら、アマゾンが気軽な入手先です。アマゾンの英語のサイトで目当ての洋書を検索すると、CD版があるものについては、「Also Available In」というところに、「Audio CD」という表現があります。それをクリックしてみます。すると、Audio Book の画面に移りますので、移った先のURLから、そこのASIN番号というアマゾンの整理番号を入手します。たとえば、「Who Moved My Cheese?（チーズはどこに消えた?）」だと、dp/のあと0743500474になります。

http://www.amazon.com/Who-Moved-My-Cheese-Amazing/dp/**0743500474**/ref=ed_oe_a/104-9937730-2601509

　次に、日本語版のアマゾンの画面にいき、この番号で検索をしてみましょう。無事、同じオーディオブックの画面にいけるはずです。もちろん、アマゾンの英語サイトで買ってもいいのですが、アメリカから送付されるため、一、二枚しか頼まないと、送料その他で割高になりますので、**注文は日本のアマゾン**でしたほうがいいのです。アメリカにあるものは、ほぼ日本でも取り扱っています。

英語版アマゾンのオーディオブックの画面
http://www.amazon.com/exec/obidos/tg/browse/-/69724/ref=br_lr_/102-7703437-6856137

フィービーの画面

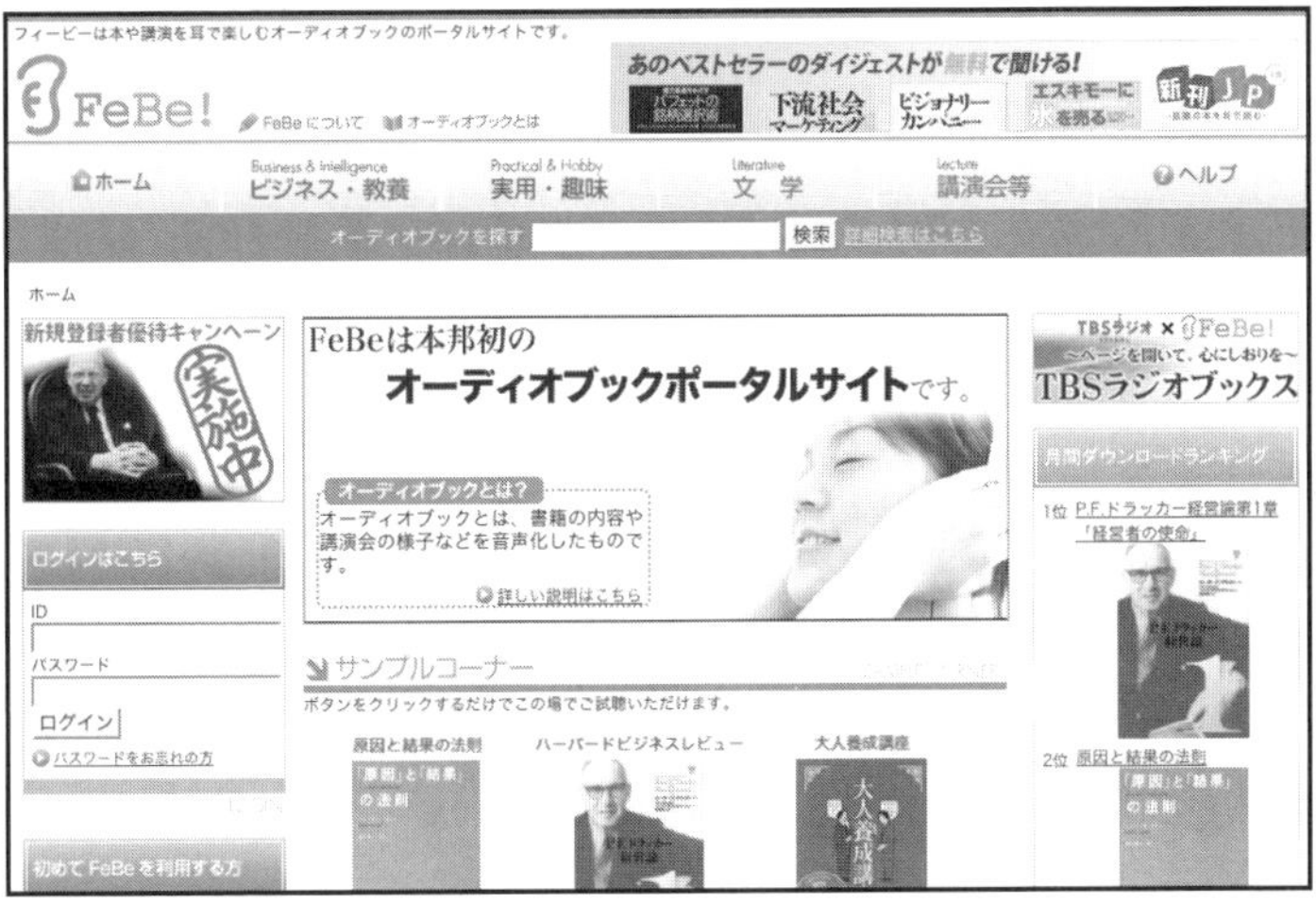

AUDIBLEの画面

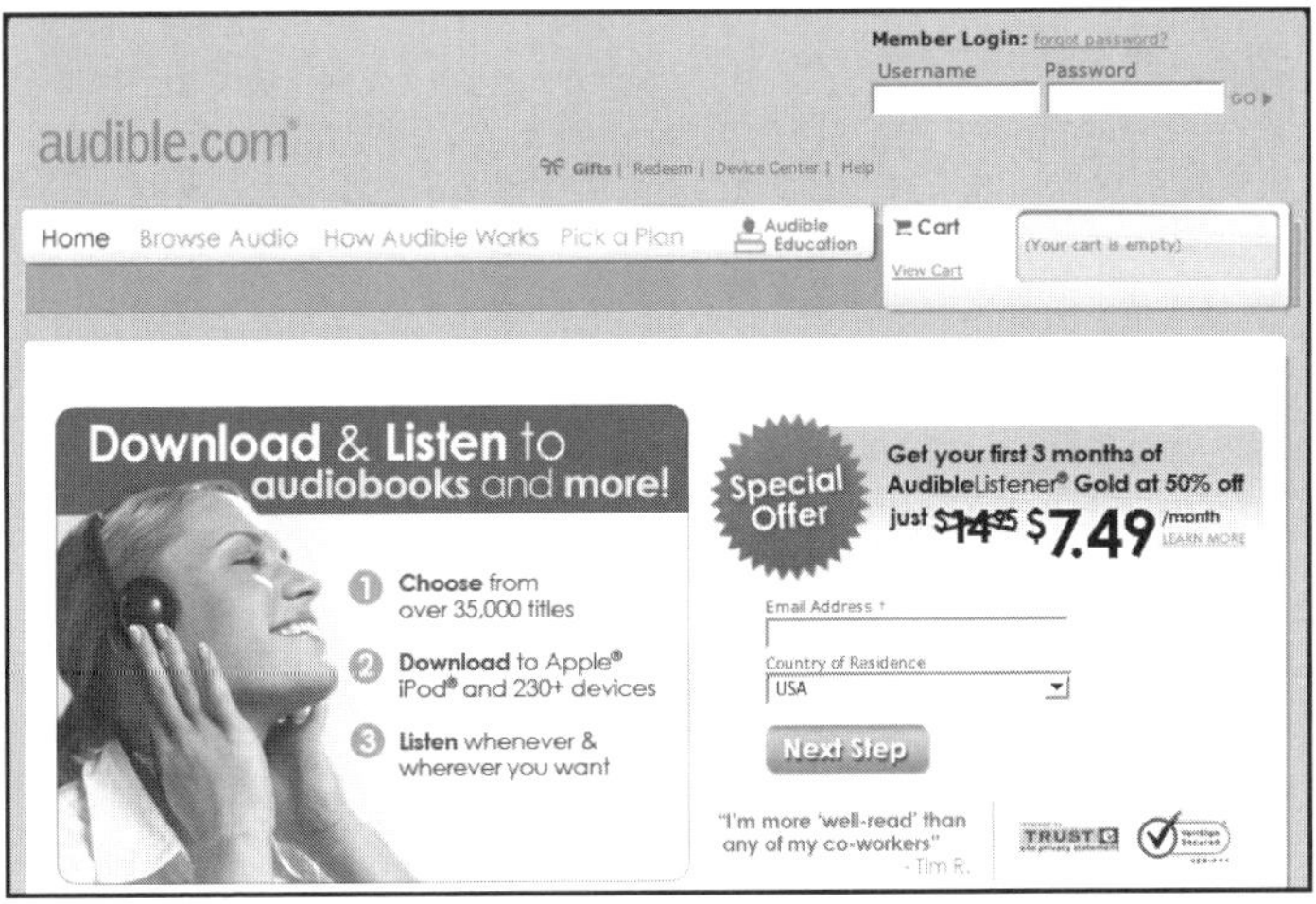

アメリカのダウンロードサイトから買う

英語のオーディオブックの他の入手先としては、**Audible（http://www.audible.com）**が有名です。Audibleはアマゾンに比べると品揃えは劣りますが、アマゾンよりも安いこと、そして、ダウンロードなので、注文したその場で聞けるようになるのがメリットです。

まずはパソコンにコンテンツをダウンロードし、それを改めて、MP3プレーヤーに落として持ち歩きます。一見、面倒に聞こえますが、アマゾンでオーディオブックを買うと、だいたい三～八枚組くらいのCDになりますので、これをいちいち、録音をするのであれば、一気にMP3プレーヤーにダウンロードしたほうが便利です。

私はAudible Listener Platinum会員というのになっています。これだと、一カ月に約二六〇〇円払いますと、好きなオーディオブックを二冊ずつ、ダウンロードできます。だいたい、アマゾンで買うよりも二〇～五〇%引きになります。

Audibleの具体的な入会方法や手続き、用意しなければいけない機器などについては、次の記事を参照してください。

Audible再入門
http://kazuyomugi.cocolog-nifty.com/audio_book/2006/01/audible_640d.html

このAudibleの設定ですが、一度わかってしまえば楽なのですが、最初はけっこうたいへんです。私もたいへんでしたし、周りで勧めた人たちも、多少はどこかで引っかかっていました。というのは、サイトもソフトも全部英語ですから、それを理解して進めるのに時間がかかるのです。

ただ、何度もお伝えしているとおり、人間、追い込まれないと、なかなか勉強できないものです。英語とＩＴに悩みながら、必要に応じてネットを検索しながらセッティングをしますと、それだけで、英語とＩＴの勉強を兼ねられます。

ついつい勉強の成果ばかりに意識が向きがちですが、そのプロセスも、とても大事です。もし、Audibleの設定を通じて、英語とＩＴが両方一度に学習できるのであれば、英会話学校やパソコン教室に通うのに比べれば、トータルで安く、かつ、実用的なスキルが手に入ることになります。

さらに、無事設定できたあとには、安価に手軽に英語のコンテンツが手に入るのですから、まさに、一石二鳥ならず、三鳥です。

英語は、とにかく一日一時間、三ヵ月から半年間聞き続ける

オーディオブックは、耳で聞くので、読むよりは時間がかかるという弱点はありますが、先に述べましたように、耳には使える時間も長いという利点があります。特に、英語については、我慢して三カ月から半年、一日一時間聞くと、たいていの人は発音がよくなり、聞き取れるようになります。

これは、アルクが提供している**『ヒアリングマラソン』**と同じ原理ですが、ヒアリングマラソンと違って、コンテンツそのものにも興味があるので、続きやすくなります。たとえば、お金儲けが知りたかったら、**『金持ち父さん、貧乏父さん』**の英語版『Rich Dad, Poor Dad』を聴けばいいし、映画で有名な**『ダ・ヴィンチ・コード（The DA VINCI CODE）』**の朗読版もあります。

人間の能力にはすごいものがあって、毎日聞いているとすぐ慣れてきます。聞いたものが、潜在意識にどんどんたまっていきます。すると、発音も、知らず知らずにとてもよくなります。カラオケに行くとき、うまく歌おうと思ったら、歌う前に原曲を何回も聞くと思いますが、それと同じ原理です。私たちは聞いたものしか話せませんので、**聞いたことのある英語は、ぱっと出てくるようになる**のです。

日本語のオーディオブックや講演のオーディオ版を聞く

一方、日本語のオーディオブックは、まだ英語のものの品揃えには劣るようですが、今後だんだん増えてくると思います。おもな提供先は次のとおりです。

◎フィービー（http://www.febe.jp/top/index.html）

◎新刊ＪＰ（http://www.sinkan.jp/）

また、日本語では、オーディオブック以外にも、著名な経営者や心理学者の講演が収録されているものが販売されています。主なものをあげると以下のとおりです。

◎ＮＨＫのラジオ深夜便のシリーズ（http://nhk-sc.or.jp/radio/）

◎神田昌典のダントツ企業オーディオセミナー（http://www.kandamasanori.com/）

◎日本経営合理化協会のＡＶ局（http://www.jmca.jp/）

たとえば、『下流社会』で有名になった三浦展さんの講演も、私はずいぶん早くにダントツ企業オーディオセミナーで聞いて、心に残っていましたし、日本経営合理化協会では、ドコモの立役者でiモードを立ち上げた大星氏の講演など、とても楽しく聞けました。

自分で編集し、繰り返し聞く

先生の許可が必要ですが、授業やセミナーで、先生が言ったことを録音しておいて暇なときに聞き直すというのは効果的な学習法です。

たとえば、知り合いで、東大も財務省もストレートで入った人がいますが、その人は、大学の授業をＭＤに落として、三回くらい高速で聞いたそうです。そうすると、一回聞いただけではわからなかったことの意味とかつながりがわかるようになり、だいたい覚えてしまったと言います。

ほかにも、ランチェスター経営で有名な竹田陽一氏には、プロのアナウンサーを雇って、ドラッカーを全部録音して何十回も聞いたという逸話があります。そうやって、竹田さんは、ドラッカーが言いたかったことを理解したそうです。

同じものを何回も聞くことによって、さまざまな気づきや多様な見方、構造化ができるようになる、これは、音声学習の大きなメリットです。好きな音楽を何回も聞くのと同じ感覚で、好きな人の講演も何回も聞く、そんな使い方がお勧めです。

耳でする勉強のまとめ

忙しい社会人にとって、耳での勉強は、次のようなさまざまな利点があります。

❶仕事や通勤・家事をしながら時間を有効活用できること
❷著者自らの声などを聞いてより深い気づきを得ること
❸英語の勉強になること
❹集中力が続きやすいこと
❺繰り返し聞いても楽しめること

7 目と耳でする勉強
セミナー・DVD

セミナーのDVDを買って見る

ここまで、目でする勉強、耳でする勉強を説明してきましたが、さらに効果的な勉強方法として、目と耳の両方を使う勉強方法があります。具体的には、セミナーを聞きに行ったり、セミナーが録画されたDVDを買って家で見たりすることです。しかも、この勉強法は、やっている人が意外に少ないので、他の人たちと差をつけるチャンスです。

特に最近は、DVDが普及したことで、わざわざセミナーに行かなくても、DVDで見られるものが増え、とても便利になりました。

販売されているセミナーのDVDは、三〇〇〇円ぐらいのものから三万円ぐらいのものまでいろいろありますが、なかなか店頭で見つけることはできないので、インターネットで探すことになります。これも、最初に用意した自分専用のノートパソコンが活躍しますし、また、いろいろなキーワードを入れて、目的に応じたDVDを探す過程は、それ自体が、情報収集のいい訓練になります。

勉強したい分野のセミナーやDVDを探す

そのため、何かを勉強したいときに、関連分野のDVDが出ていないか、あるいは、どこかでセミナーをやっていないかを探すことをお勧めします。セミナーもネットでちょっと検索しただけで、おもしろそうなものがたくさんありますし、値段もそんなに高くありません。

たとえば、私は昔から小説を書きたいと思っていました。どうやってそれを学ぼうかと気にしていたところ、ホテルオークラに仕事で行ったとき、「私の修業時代」という題目で、あのベストセラー作家の宮部みゆきさんが講演会をするというチラシを見かけました。

さっそく参加してみると、宮部みゆきさんも、はじめはOL時代に小説教室に通うところから始めたとか、最初のうちは代理原稿でチャンスをつかんだとか、意外な話があり、その中で、次のような三つのコツを教えてくれました。

❶ 書くことは呼吸すると同じくらいの肉体労働として位置づけ、とにかく量産すること
❷ 売れるか、売れないかは時代と合うかどうか。報われるかどうかは、正直、わからないと割り切ること
❸ 自分しかわからないものなど書かず、エンターテイメントのための文学として存在すること

私はいまでもまだ小説家ではありませんが、いろいろな本を書いたり連載をしている身としては、とても参考になる話でした。このように、セミナーは成功した人がていねいに教えてくれるので、チャンスがあったら、ぜひ出席することをお勧めします。

よく聞かれるのが、そういうセミナーやDVDについて、いいものを見分けるコツがあるのかということです。正直、見分けるコツは特にありません。いろいろ失敗してみるしかないです。本選びと同様、確率論なので、DVDを三枚から五枚買って、一枚いいのがあれば当たり、という感じです。

セミナーも、どれがよかったか人に聞いてみることですが、あとは積極的に出ること、です。

DVDよりはセミナーのほうが学習効果が高い

DVDとセミナーのどちらがいいかと聞かれれば、断然セミナーです。第一人者が直接語りかけてくれるのですから。可能なら、DVDで聞くよりも、直接行くべきです。

人間は、無意識で学習する部分が意外に大きく、セミナーに参加すれば、二次元のDVDでは伝わってこない会場の雰囲気などがわかります。そして、宮部さんがカルチャースクールに通っていたという話を聞いたら、自分も小説を書きたいときにカルチャースクールに通おうかと、モチベーションづくりにもなります。

学習のコツにも書きましたが、先達に聞くということが勉強のいちばんの近道です。なんらかの方法で、知識を持っている人から知識をすくい取る、ということです。自分が一から知識をつくれるわけではないのですから、いろいろな手段を効率的に使って、情報収集をしていきましょう。

セミナーは、通常のものであれば三〇〇〇円から高いのでも一万円ぐらいです。もちろん、フォトリーディングのような、もっと高いセミナーもありますが、そういう高いものは、口コミで、これはいい、とわかっていれば行けばいいと思います。それ以外のセミナーも、積極的に出席してみることをお勧めします。
注意したいのは、自己啓発オタクが多いようなものではなくて、ふつうのビジネスマンが薦めるセミナーに行くことです。

eラーニングを活用して勉強の効率を上げる

セミナーやそれを録画したDVD以外に、目と耳でする方法としては、eラーニングがあります。最近は、各種資格試験にもTOEICにも、eラーニングのコースがあり、従来の、一方的に読む・聞く勉強だけでなく、パソコンを通じて、インタラクティブに学ぶことができます。テストを受けて、間違えたところだけ復習するという、前述の勉強法をeラーニングで行うと、より効率的です。

たとえば、英語の勉強をTOEICのCDでやると、自分の間違えた場所が残るため、どこを間違えたかがすぐわかります。電子的に採点をしてくれるのも楽です。ニンテンドーDSで流行った『脳トレ』も、eラーニングの一種です。

資格試験は体系だてて覚える必要があるため、通学がいちばん近道ですが、その補助としてｅラーニングを活用することをお勧めします。私が会計士試験を受けた当時はｅラーニングが発達していなかったので、会計原則や商法を吹き込んだカセットテープをすり切れるまで車で聞いていました。会計原則を空で言えるまで、頭にたたき込んだわけです。

けれども、いまでしたら、もっと、いろいろな教材があると思います。とにかく、教材も、ありきたりのものに頼らずに、どういうものがあるか自分で探してみることをお勧めします。

8 学校に行ってみる

学校は、仲間と頑張り合えるコミュニティ・ラーニングの場を提供する

学校に通うメリットは、目と耳に、雰囲気を加えて勉強できることです。そして、さらに、仲間といっしょに学べることです。ここが、単発のセミナーに参加することとの大きな違いです。

さまざまな学習法のうち、もっとも効率よく、かつ、モチベーションが続きやすいのは、同じぐらいのスキルの生徒が集まって、お互いに切磋琢磨して学び合う、コミュニティ・ラーニングという手法であることが、各種分析や実験でわかっています。そして、学校のいいところは、このコミュニティ・ラーニングの場を提供してくれる点なのです。一定の時間、空間、経験を共にして、仲間と頑張り合えるから、学習が楽しくなります。

10倍RULE⑰ 〈仲間のネットワークはもう一つの補助脳〉

最近は、幸いなことに社会人大学や大学院が増えていますし、短期間でもロジカル・シンキングや営業スキルを教えてくれるところが増えています。積極的に自分の好みのものを見つけて、自腹を切って、あるいは会社に出してもらって行ってみるといいでしょう。

学校で習う場合の相場は、一講座一時間から一時間半で、逆算すると五〇〇〇円から一万円ぐらいです。その総額は、たとえば大学院のように期間の長いものだと、二年間合わせた学費は一〇〇万円を超えますが、短いものだと数万円からあるわけです。

学校は拘束されてしまうので続きやすい

また、学校のもう一つのメリットは、無理

矢理その時間、勉強の場に拘束されてしまう点です。ここが通信講座との大きな違いです。社会人は時間が確保をするのがむずかしいので、お金を払って、自分の時間をブロックしてしまうわけです。

私が最初に勤めた会社では、会社の経費で、半ば強制的に英会話教室に通わなければなりませんでした。ところが半分以上休むと、授業料が給料から天引きにされてしまうのです。そこで、行かなければいけないと、自分を追い込んで、時間をブロックし、どうにか出席することができました。当時、新入社員で給料も高くないため、自腹になったらたいへんなことになったためです。

その結果、ＴＯＥＩＣの点数が一年間で倍増しました。会社にお金を出してもらうと、プレッシャーがかかるので、勉強しやすくなります。

学校では、仲間とのネットワークづくりが貴重

そうやって、なんとか通ううちに、その場で仲間が見つかり、勉強するのが楽しくなってきます。最近は、ビジネス大学院、法科大学院、会計大学院など、社会人大学院が増えてきていますが、金銭的な余裕があって興味があれば積極的に行くべきだと私は思ってい

ます。

そこを資格試験の受験校と考えたり、MBAのタイトルだけ取れればいいと考えたりするのは、もったいないことです。そこでしか学べない先生の教えもあります。横のつながりもあります。

教授や先輩から、どのように情報にアクセスするのかを教えてもらえるという点でも、学校は大事です。そして、そこで知り合った友達の知識は、自分の知識として、将来、アクセスできるようになります。

そして、このような仲間とは、たとえば良書を教え合ったり、ちょっと会って、雑談や情報交換をするなど、会社以外のネットワークを持てるようになります。

最近は、コミュニティやメーリングリストをつくるのも簡単ですから、自分の学びと人の学びをぶつけ合って、学校が終わっても関係を保つことができます。一人の努力や根性に頼らずに、どうやれば楽して成果が出るかを、仲間といっしょに考えるのが大切です。

9 基礎編のまとめ
「勉強の仕組み」を投資しながら組み立てる

ここまでの基礎編では、勉強のいろいろなコツや、具体的な方法を説明してきました。

基本思想は、**勉強すれば幸せになる、お金が手に入る**ということです。

ただ、これらは**すべて、ただではできないことです。だいたい、月収の五〜一〇パーセントを目安に投資し続けることが大事**です。しっかりと、いい道具を揃えて、いいコンテンツを買ってきて、うまく続くように、いろいろな仕組みを設計しましょう。

とにかく、社会人の勉強では、根性論や努力論を信じてはいけません。私たちは、いかに勉強には怠惰であるかということを自覚しながら、怠惰な私たちでも続くシステムを、貴重な給料から投資しながら、組み立てなければいけないのです。

そして、その仕組みで、しっかりとした基礎力をつけていきます。

それには、**全体の大枠をつかんでから**細かいことを学んでいき、学んだことを職場での成果やブログに表す、テストを受ける、あるいはマインドマップにまとめるなど、ひたすらこれをアウトプットしていくということが必要になります。インプットしたのと同じぐらいの労力をかけて、実践の場で試してみて、定着させていきます。

勉強の仕組みをつくること、その仕組みを使って基礎力を養いながらアウトプットにつなげること、これらを両輪でやっていくうち、仕事の成果が上がり、年収が上がって、幸せになってきます。それが、自分へのご褒美になるので、勉強も続きやすくなります。

ただ、成果は年単位でゆっくりと現れるものなので、それが目に見えないうちは、TOEICのスコア、簿記の級のように、目で見えるかたちの指標を用意して、短期には勉強の動機を積み上げていくのが必要です。

私がこの本で説明してきた社会人向け勉強法の、これまでの勉強法との大きな違いは、**IT機器を中心に、新しい道具をいかに使いこなして、無理なく続く仕組みをつくるか**ということに尽きると思います。

私が学生時代に勉強していた当時は、CDもなかったのでカセットをずいぶん利用しましたし、だんだんとCDが出てきたときには、積極的にCDで英語などを勉強しました。

そして、ここ最近は、MP3やDVDのような新しい機器に、どっぷりと頼りながら、勉強を続けています。

たとえば、セミナーを探すのも、オーディオブックを注文するのも、ダウンロード内容をMP3に落とすのも、使い勝手のいいパソコンがないことには、効率的な勉強は成り立ちません。できるだけ、自分専用のノートパソコンを買って、持ち運べるようにして、空き時間でもパソコンをベースステーションにして勉強するようにするようにしましょう。パソコンが自分の補助脳になるというかたちです。

パソコンは、ローカルのハードディスクも、通信先のインターネットも、どちらも使います。また、私はやや極端ですが、パソコンを複数台所有して、一台壊れてもいつでも、ほかのものが使える状態にしていますし、パソコンのサイズや容量も、用途に応じて、大きいものと小さいものを使い分ける、というような工夫もしています。

勉強法において差別化できるのは、道具とやり方です。人間、覚える能力とか意志の力には、そんなに大差はありません。そこを勘違いして、努力論に走るから、なかなか続かないのです。

それは、誰だって、早朝にしっかり起きて、勉強量を増やして、目標を立てて、それを小さな目標に落として、計画を立てて……などの正攻法ができれば苦労はないのです。それができないなら、できる方法を考えないといけません。

とにかく、**勉強もスポーツといっしょで、いい道具といいコーチを揃えたほうが、独学で練習するよりは、ふつうは早く上達します。あとはどうやって、隙間時間に練習量を確保するかです。**

しかも、むやみやたらに練習すると疲れるだけなので、正しいやり方で練習します。我流だと、結局は続かないからです。

このようなやり方は、投資はかかります。でも、かかった投資は、あとでスキルアップによる年収アップというかたちで、回収すればいいのです。逆に、そういう意気込みがないと、年収はなかなか上がりません。投資もせずに、ただで上がるほど甘くありません。

勉強には、時間とお金を投資し、成果を上げることが必要です。投資をせずに年収を上げようというのは、虫がいい話です。

投資の目安は、**二十代だったら、月収の五〜一〇%**ぐらいは、投資したほうがいいでしょう。月収三十万円だったら、三万円です。月三万あれば、かなりのことができます。そして、毎年一〇%を上回って、年収を上がればいいわけですから。これが、毎年一六%、十六年間上がり続ければ、十倍というわけです。複利計算はすごいのです。

また、睡眠時間はとても大事です。頭の中で覚えたことを整理して、定着させるには、睡眠が必要です。せっかく覚えたことを定着させるためにも、**最低でも六、七時間は睡眠をとりましょう。**確保できない場合は、昼寝を併用することをお勧めします。

とにかく、勉強は、はじめは目に見えないところにたまっていくものですので、途中の段階では、たまっている、たまっているはずだ、とひたすら信じるしかありません。信じてください。**すぐには現れなくても、ある日突然、成果が出ます。**

そのような成功体験を一回でもすれば、初期投資に我慢ができるようになります。そして、英語で成功を収めると、営業スキルでも身につくまで我慢できるようになります。反対に、毎回成果が出ないうちにやめてしまうと、三日坊主が癖になり、新しい勉強法や自己啓発を試しては、これもうまくいかなかった、とまた違うものを求めることになります。

10倍RULE⑱　〈勉強の成果は、ある日突然現れる〉

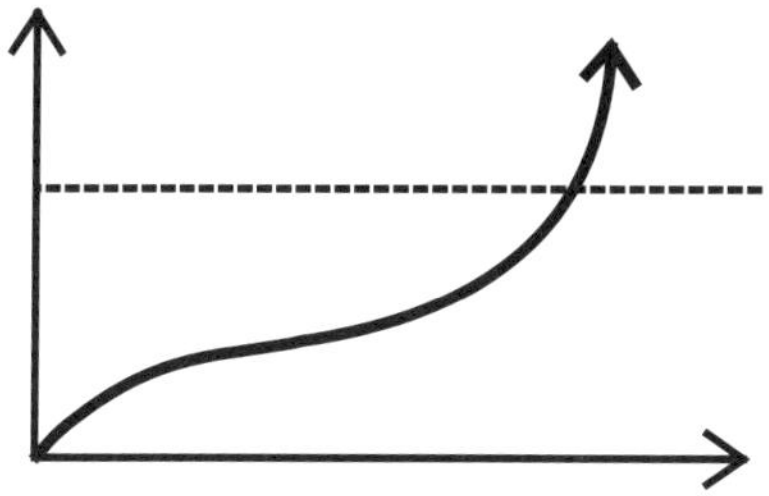

ある意味、勉強の基本は、**勉強そのもののやり方のスキルを身につけてしまうのがいちばんの近道**です。いろいろなスキルをつける前に、勉強のコツという基礎力をつけるわけです。いちばんもったいないのが、勉強量は多いのにそれが身についていない人です。

その方法は、繰り返しになりますが、**理論体系をはじめに大枠でつかんでから、細かいところにだんだんと入っていく、**ということです。そうしないと、細かいところの暗記にこだわって、うまくいかなくなりますし、応用もききません。

成果が出ることも大事ですが、その前提として、勉強は、基礎力の積み重ねがあってはじめてできるようになるものです。とにかく基礎力をつけましょう。つけ方は、工夫次第です。まちがっても、努力に頼ってはいけません。一時間早く起きて頑張ろうというのはやめましょう。そのような方法は無理ですし、よほど意志が強くないと、続きません。

社会人が勉強を続けるためのコツは、昔の伝統的な学習方法＋努力に頼らず、ＩＴを使った効率的な方法を準備し、基礎を強化し、成果を確認していくことで自分への成功体験にするということです。

そして、どうやってそういう効率的なものを積み重ねるかという情報は、なぜか、口コミやインターネットの中に埋もれていて、あまり教えてくれる人はいません。

ところが、私の周りでは、勉強ができる人、仕事ができる人は、みな、例外なく通信機能付きのＰＣを持ち歩いています。そして、本もよく読んでいますし、セミナーにも積極的に参加しています。しかも、決してガリ勉タイプではなく、時間にも余裕があるし、趣味もよく楽しんでいます。

それは、勉強の好循環をしっかりと自分の判断で積み上げてきて、高収入と自由なライフスタイルを、その成果として獲得しているためなのです。

年収10倍アップ勉強法 実践編

10 何を勉強すればいいのか？

第9章までで基礎編が終わりました。基礎編は、スポーツにたとえると、柔軟体操やストレッチ、筋力トレーニング、ランニングです。これからの実践編では、それらを応用して、どうやって、野球やテニスにあたるような実際の実技につなげるのか、そして、そのゲームの中でしっかりと勝っていくのかを説明します。

明日から仕事に使えることを勉強しよう

ここで、目の前に資格試験やＴＯＥＩＣ受験などの必要性を特に感じていない読者の方の場合、まず、疑問に思うのが、何を勉強したらいいのか、実際のところ、何をすればいいのか、ということでしょう。

いちばん簡単なのが、明日から仕事に使えることを勉強することです。人間には、さまざまな学習の動機がありますが、そのうちもっとも強いものの一つが、「自分の日々の生活や生き残りのために必要なことを学び、それを反復練習すること」です。したがって、明日から仕事で生かせるもの、使えるものが、忙しい中でも続きやすくなります。

もし、営業の人だったら、それは、セールストークの勉強になります。基礎的なことは会社のトレーニングで習っていると思いますが、書店に行けば、所狭しと、その分野の本が並んでいます。そうした本をいろいろ読んでみて、一つでも二つでもいいから、実践の場で試してみるわけです。

最新セールス手法を人より早く身につけるにも英語が必須

セールスを学ぶ場合も、実は、英語が役立ちます。マーケティングとかセールスについては、やはり、そこは現代の資本主義の中心国であるアメリカのほうが五年から十年、進んでいる面があるからです。そのため、日本の本ばかり読んでいると、どうしても人より遅れてしまいます。少なくとも翻訳本、できれば原書や英語のオーディオブックに積極的にあたっていくことです。

たとえば、アメリカでは、少し前から、共感や感動を軸にした、エモーショナル・マーケティングが発達してきています。

これは、経済の発展により、ほとんどの製品やサービスが消費者の求める最低限の基準を満たすものとなって、差別化がむずかしくなってきているため、単なる製品・サービスの機能や効用だけではなく、その製品に触れることで、顧客はどのような経験ができるのか、どのように製品の持つ「ストーリー」に共感するのか、という点を重要したマーケティングが必要になってきたためです。

こういう話も、少しでも製品・サービスを売ることに関わっている人なら、興味を持って学ぶことができると思います。

私はアメリカ礼賛主義者ではないのですが、いいか悪いかは別にして、現実として、資本主義はアメリカを中心に動いており、優秀な人材や知恵が集まりやすくなっているため、資本主義で儲けるための手法の開発は、どうしてもアメリカのほうが早くなるケースが多いと思うのです。

日本ではソフトバンクの孫氏で有名になった「タイムマシン経営」というものがありますが、これは、言ってみれば、アメリカで成功したケースを日本に持ってくる手法です。先に進んでいる社会で流行っているものに人より早く目をつけるだけで、差別化が可能になることも多いのです。

もちろん、流行ってくると、一、二年後には、日本でも誰かが訳したりもしますが、それを待っているよりは、原書の時点で知っているほうが、一歩も二歩も先んじることになります。このことだけでも十分、英語の勉強をする動機にもなると思います。

常に問題意識を持って仕事をしていれば、勉強のテーマは自然に出てくる

つまり、「これを勉強したい」という内発的動機づけを得るには、自分の仕事に関する問題意識を、常に持っている必要があるわけです。のんべんだらりと、言われたままに言われたことをしているだけでは、何を読めばいいかすらもわからなくて、当然でしょう。ふだんから仕事のプロセスのなかで、いまのやり方はこうだけれども、どうも自分としては成果が上がらない、どうすればいいのか、何をすればいいかという問題意識を常に持つことです。日常の業務や、上司・同僚から学ぼうとするのは当然ですが、そこからは学べないこと、自分で先んじて学んでいくべきことは何だろうということも考えます。

会社の研修でも、それなりに必要なトレーニング、たとえば、セールストークの方法や企画書のつくり方などを習う機会があるでしょうが、それはそれで受けるとして、それ以外にも、自分が自社の同僚や他社のライバルから一歩抜きんでるために、何を身につけておけばいいのかを常に考えている必要があるのです。考えながら本屋を歩いていれば、そ

れに即した本の題名がぱっと目に飛び込んでくるようになります。
もし、そうでないとしたら、まだまだ問題意識が足りないことになります。
要は、私たちは、認識していない問題は、解決できないということです。

たとえば、こんな本は必読

たとえば製品開発担当者で、イノベーションをどうやって起こすか、売れる商品の開発方法は何かを常に意識している人ならば、クレイトン・クリステンセンの三部作**『イノベーションのジレンマ』『イノベーションへの解』**（翔泳社）、**『明日は誰のものか』**（ランダムハウス講談社）などが、必読書の一つになります。

いま、たまたま、セールスやマーケティング、製品開発の仕事を例にとりましたが、金融に関する仕事をしているのでしたら、金融のリテラシーをつけるための勉強をします。少なくとも、**『金持ち父さん、貧乏父さん』**（ロバート・キヨサキ著　筑摩書房）は読んでおいたほうがいいですし、組織で新しいことを試みる、チェンジ・マネジメントの気づきを知りたいのであれば、**『チーズはどこへ消えた？』**（スペンサー・ジョンソン著　扶桑社）は押さえておくべきでしょう。

ほかにも、製造業に関わる人だったら、**『ザ・ゴール』**（エリヤフ・ゴールドラット著 ダイヤモンド社）を読んでおく。

また、どの業種の人でも、他人との関わりや自分の成長を考えると、**『7つの習慣』**（スティーブン・R・コヴィー、ジェームス・スキナー著 キングベアー出版）や**『「原因」と「結果」の法則』**（ジェームス・アレン著 サンマーク出版）は、繰り返し読むことをお勧めします。

とにかく、問題意識を常に持っておくことです。そして、その内容を、明日から現場で試していくというのが大事です。

なお、本の注文についてですが、インターネットは題名を知っているときには便利ですが、キーワードもわからないとなると、検索ができません。

この点、書店では、本のキーワード、つまり、題名を並べてくれていますから、リアルの書店も併用する必要があります。時間があるときには、ふらりと少し大きめの書店に入る習慣をつけてください。

自分の仕事のリテラシーを高めるために勉強する

先ほど、金融のリテラシー、ということばを使いましたが、「リテラシー」ということばは、学習上の一つのキーワードだと思います。

リテラシーは日本語では、読み書きをする能力といい、いわば、理解するベースとなる知識や能力のことで、リテラシーの有無による学習効果の違いについては、各種の実証実験によって、証明ずみです。

つまり、新しいことを学習する際には、その分野の基礎知識や基礎能力がどれだけあるかが、その後の勉強の効率と成果を大きく左右するのです。

したがって、仕事の分野が営業だったら営業のリテラシーが必要だし、経理だったら経理のリテラシーが必要です。自分の専門分野の足腰を強くするようなものを、まめに読んでいたほうがいいと思います。

一定分野の知識をある深さで取得していくと、「ディープ・スマート」といわれる現象も起こります。これは、何か突発的なことや、日常的でないことが起こった場合にも、それまでの知識を活用して、比較的容易に新しいことができるようになるというものです。

歴史とコミュニケーション手法のリテラシーは、万人共通

一方、歴史については好きな人が多いと思いますが、歴史のどこがいいかというと、万人共通のリテラシーだからです。歴史は繰り返すとよく言いますけれども、私たちの性質や考え方が変わらない限り、一定のサイクルで、昔起こったことはこれからも起こります。経済が発展するとバブルは常に発生しますし、経済も、不況と好況の波、あるいは製造業からサービス業への発展とか、技術イノベーションによる社会変化など、常に起こり続けます。このように、過去の歴史をリテラシーとして学ぶことによって、将来の予測がしやすくなるという利点があるのです。

先ほどの「明日すぐに役に立つこと」を勉強することも大事ですが、それに加えて、汎用的に将来の自分の行動に常に役に立つことを学んでおくことも必要です。

汎用的ということでは、コミュニケーション手法のためのリテラシーも、万人に共通するテクニックですので、身につけていくことが大事です。

これには、**「ロジカル・シンキング」**のような、どうやって人と論理的に会話をするのか、**「アクティブ・リスニング」**のような、どうやって人の話に傾聴するかとかいうテクニックなどがあります。日常の仕事の中で、人とどのようにコミュニケーションをし、効率的

にアウトプットをしていくか、どのように物事を考えていくのかということについては、全部技法があるわけです。

したがって、「ロジカル・シンキング」などの基本的な本は一読しておくことをお勧めしますし、よく売れている自己啓発本も、ある意味、コミュニケーションに関する共通手法に近い内容がふんだんに織り込まれているからこそ売れているのだと思いますので、その技法は、ぜひ学んでみてください。

無理矢理にでも学校に通ってみると道が開けることが多い

また、ある目的について勉強したいけれども、具体的にどこに的を絞ったらいいかわからない、あるいは、もう少し体系立てて広範な知識を身につけたい、という人には、社会人向けの大学院や通信教育が役立ちます。

首都圏に住んでいる人でしたら、比較的多くの選択肢の中から通学先が選べますし、地方在住の場合でも、通信教育が活用できます。いまは、インターネットを検索すれば、比較的広い範囲で、いろいろな通信教育が整備されていますから、教材不足で困るということはほとんどないはずです。

ただ、通信教育の問題は、「続かないこと」ですから、半ば強制的に続く仕組み、たとえば、家族に宣言をして追い立ててもらうとか、全部終わらないと会社が受講料を払ってくれない仕組みのものを利用するなど、何かルールを決めておく必要があるでしょう。それがむずかしいとしたら、無理矢理にでも通学を考えるべきです。

私が修士を取ったのは、三十六歳から三十八歳にかけてでした。私の行っていた早稲田大学大学院のファイナンスMBAのコースは、入学時の平均年齢こそ三十四歳でしたが、二十代から五十代まで幅広い年代の受講生がおり、何歳でも決して遅すぎることはない、と感じました。

私が修士課程に行ったきっかけは、比較的些細なことでした。

もともと、いつか修士は取ろうと思っていたものの、そのタイミングがつかめずに、三十代の半ばを迎えていたところ、たまたまアナリスト協会の主催で、実験ファイナンスという講演に出席する機会がありました。その講演がとてもおもしろかったので、講演が終わったあと、講師をしていた早稲田大学の広田先生に、「この話をもっと知りたいのですが、どこで学べますか」と聞きに行ったら、「早稲田大学のファイナンス研究科にいらっしゃい」と言われたのです。

ところが、広田先生と話をしたのが、その年の募集の締切の一週間ぐらい前で、ほんとうに時間がなくてたいへんだったのですが、直属の上司にまず頼み込んで企業推薦をもらい（学費は自腹でした）、出身大学に行って成績証明書を取り寄せるなどして、なんとか乗り切りました。

でも、それがきっかけで、いまは博士課程まで進んでいますし、そのときにお話しした広田先生には継続的に師事を仰いでいて、共同研究ができないか、という話まで出てきています。

つまり、学びたいものが見つかったら、どうやったらそれを学べるかということを、逆算して、方法を考えれば、なんとかなるものだということです。

学歴や資格は、知識よりも資質を表現する

ところで、このファイナンスMBAの話でおもしろいのは、卒業生が出世ルートに乗るケースが多いということです。これは、勉強した内容そのものが使えるというより、会社側が二年間、夜間の残業を減らして勉強させてやったのだから、その分の恩返しに、成果を出せ、ということで、企画や社長室に異動になる、などといったことになりやすいから

のようです。

これは、一般に、個別に見れば学歴が高いからといって仕事ができるわけではないのはわかっていながら、相変わらず、学歴（出身校）が重視されることと同じです。つまり、確率論です。一流大学をストレートで出た人間というのは、確率論として仕事が手早くて、能力がある人間が多い。学歴というのは、その母集団のシンボルと使われているわけです。

したがって、仕事のあとに、夜間のＭＢＡに行き、卒業までした人間は、それだけやる気があって、スキルもついてきた人間であろうということで、重用される可能性が高くなるという仕組みです。

資格試験が重要なのも、資格が学歴と同じ役割を果たすからです。会計士とか税理士の資格を取った人間は、あの試験勉強にちゃんと耐えて、試験委員の問題のエッセンスを見抜いて、頑張りきれた人間であろうという推論が、一定の確率で成り立つからです。つまり、資格も学歴も、それに伴う知識というよりは、その人の資質を表すのです。

したがって、資格をとることが趣味になっている人がいることは否めませんが、希少性のある資格であれば、人事異動や転職の際に、採用側から目をかけられる確率は必ず高くなります。履歴書だけ見ても、その人がどれだけ仕事ができるかはわかりませんが、資格があれば、その保証にはなります。

私の場合も、最初の会計事務所を辞めて銀行に転職する際、『「クビ！」論。』（朝日新聞社）で有名な梅森浩一氏が銀行側の採用担当の人事部長でして、あとから聞いたところによると、梅森さんが私を採用した理由の一つは、オンライン技術者の資格を持っていたのが新鮮だったからだ、と言っていました。

応募していたのはディーラーで、人気の職種であったこともあり、何十人も候補者がいたにもかかわらず、二十五歳で金融未経験の私が選ばれたのは、そのような些細な違いを出して、チャンスをつかんだためだと思っています。

資格を取るなら、最上級まで

したがって、プロとしての資質を証明するにも、基礎を固めるにも、どうせ資格試験の勉強をするのでしたら、最上級の級まで取ったほうがいいと思います。

英検も簿記も、二級、三級だと、みんな持っているので、一級まで取ります。そうすれば、目立ちますし、役に立ちます。TOEICでしたら、九〇〇点超でしょう。システム系なら、テクニカル・アドバイザーのような合格率の低いものにチャレンジしてみます。

簡単な資格ばかり持っていても、ただの資格オタクにしか見えないので、注意してください。プレステージのある資格を取るのが、学歴と同じぐらい大事です。

また、資格以外でも、会話をしているときに、その人がとても論理的に話ができるとか、アイコンタクトを取りながら、間合いを見てしっかりとした会話ができるとなると、その相手の実績を知らなくても仕事ができるだろうという予測が立ちます。

学校でできた横のつながりは、以後も貴重な情報のネットワークとなる

ところで、社会人大学院の何がいいかというと、横のつながりができるということです。ちょっと困ったとき、誰かに相談しようというときに相談できます。私が通っていた早稲田のファイナンスMBAだと、学年一二〇人ぐらいいますし、それぞれ、お客さんだったり仲間だったりしますので、そこで横で連絡し合って、効果的な相談ができます。さらに、それは卒業後も続きます。これは大学の同窓生とまったく同じ仕組みです。

これは、社会人大学院でなくても、たとえば、グロービスのマーケティング教室でも同じことができると思います。仲間の持つ、自分の何倍もの知恵や知識にアクセスできるよ

うになります。

インターネットの活用とまったく同じ原理です。**自分がどれだけの情報を持っているかではなく、どれだけの情報にアクセスできる権利を持っているかが、より重要なのです。**

勉強が求められる仕事を選ぶ

勉強では、アウトプットがインプットと同じぐらい重要だという話を繰り返ししていますが、アウトプットの場というのは、原則として、仕事がいちばんいいでしょう。成果がわかりやすいからです。

勉強によって、よりよいアウトプットを出せる場をもらうと、さらに、次に自分が何を勉強しないといけないかというアンテナを立てやすくなり、それを勉強すると、さらによいアウトプットを出せる場を与えられ、と好循環が生まれることになります。

したがって、もし勉強したいと思うなら、なるべくいろいろな人に会い、いろいろなことを要求される場に、あえて身をおいてみるのも、一つの方法です。

一般に、プロフェショナル・ファームといわれているような、ロー・ファーム、コンサルティング・ファーム、アカウンティング・ファームが勉強の場としてよいのは、業務上、無理矢理勉強させられるためです。

ほかには、一般に外部の人に会わなければならない仕事のほうが、成長が速くなります。自分と異質なものに会うことで刺激を受けられるうえ、内部と違って妥協が許されませんので、自分が、何が足りなくて、何を勉強しなくてはいけないかというのを、身にしみて感じるからです。

では、いよいよ、比較的汎用的な勉強対象として、英語、会計、ＩＴ、経済などの、具体的な勉強方法と視点を説明します。

11 英語 めざせ、TOEIC八六〇点

英語ができると、なぜ収入が増えるのか？

実践編の最初は、英語です。なぜ英語から始めるかというと、英語ができると、収入増につながる確率が飛躍的に高まるからです。

実際に、大阪府立大の鹿野繁樹講師がリクルートと共同で二〇〇五年に、一万四〇〇〇人の勤労者を対象に行った調査では、英語を職場で使う人のほうが、使わない人に比べ、女性で四〇％、男性は一八％、年収が高いという結果が出ています。

では、なぜ、英語ができると収入が増えるのでしょうか。

すぐに思いつくのは、英語ができると、給料が高い外資系に移ることができるとか、英語を使う仕事に就きやすいなどといった、表面的な話だと思います。しかし、その背景に

10倍RULE⑲ 〈英語という鍵で、ドアを開けると、そこは世界市場〉

は、もっと大きな利点があります。

すなわち、英語ができると、仕入をする市場も、販売をする市場も、日本という狭い市場から全世界の市場へと一気に広がる、ということです。

情報や製品・サービスの入手源も広がるし、製品・サービスの販売先も広がる。これまで日本人相手、あるいは日本語を使う人としか、インプットもアウトプットもできなかったのが、英語ができた瞬間に、海外が全部、ビジネスの対象になるのです。すべてのことが、これまで一億二〇〇〇万人だった市場から、急に、世界の六五億人（二〇〇六年二月現在の推計）の市場へと広がっていくわけです。

このことのインパクトを実感として知っている人と知らない人の間には、大きな差があります。

これが理解できれば、外資系の一部の会社の給料が、批判が出るほど高い理由もわかると思います。つまり、単純に、**日本だけを扱っている会社に比べて、顧客の数が違う**からです。その結果、担当者の一人当たりの顧客の数も増えるため、より利益率の高い顧客だけを扱うことが許されることになります。

日本語しか話せないと、狭いところでぎゅうぎゅう競争することになりますが、英語と日本語の両方が話せる人は、外国人のお客さまにもサービスしていけますから、同じ業種で営業するにしても、ライバルの数がまったく違ってくるわけです。

業界というレベルでも同じことが言えます。たとえば、出版。版権売買について見てみれば、日本は、圧倒的に「対米貿易」赤字の状態だといえます。日本でもいろいい本が出ていますが、それが有名な一部の本を除いて、海外であまり売られないのは、出版社が海外に向けてコンテンツを提供したいとは思っていても、流ちょうに日本語も英語もわかって、なおかつ優秀な編集者がなかなかいないということに起因しています。

この結果、日本は、本を読む人にとってはうれしい環境なのですが（著者にとってはつらい状況ですが）、全体的に、市場の割にはとても本の数が多く、一冊あたりの売上がさほど伸びないうえ、値段も海外に比べると安めになってしまいます。

このような基本的な市場原理を理解していれば、年収を上げるのにいちばん手っ取り早い方法は英語だということが理解できると思います。最近の新卒の世代では、英語ができるのは当たり前で、それに加えて中国語やポルトガル語ができるトリリンガルでないと、付加価値がつかなくなってきている傾向すらあります。

TOEIC八〇〇点台を目標に

では、こうした世界市場にアクセスする最低限の英語力はどのくらいかというと、TOEICで八〇〇点台が一つの目安になるでしょう。こちらが相手にとってよほど価値のある人なら、TOEIC 六〇〇〜七〇〇点でも、向こうが我慢してつき合ってくれるので会話になりますが、TOEIC 相手にコミュニケーション上のストレスを与えずに、仲間としてつき合えるのは、やはりTOEICの基準でもある八六〇点ぐらいからだと実感します。

実際、日本語が話せる外国人と会話をしたことがある人は、そのときの気持ちを思い出してみるとよいでしょう。どんなに相手が優秀そうな人でも、なかなか適切な単語が出てこなかったり、文法ミスを繰り返したりすると、その日本語の間違いに気をとられてしてしまって、なかなか商談のほうに頭がいかなくなったりするものです。TOEICの点数が低いということは、同じストレスを相手に与えていることになります。

とはいえ、とりあえず八〇〇点台の点数があれば、ふつうに会話ができます。重要なのは、漠然と「英語ができるといいな」と思って、勉強のための勉強のように英語を学ぶのではなく、自分の可能性を、狭い日本の中に閉じこめずに、世界全部に広げる新しい鍵を手に入れるのだと思って、英語を勉強することです。実際、英語は、日本の外に出るドアを開ける鍵なのですから。

いまからでも間に合います！

では、どうやって英語を勉強するのかということですが、正直、万能薬はないです。若いころから、着実に勉強するのがいちばんです。英語が得意な人は、学生のころから勉強し、中学高校で一所懸命勉強して留学にも行きます。そして、そのまま大学に行って勉強して、しっかりと英語を身につけて卒業します。

でも、そのような志が高い人はまれで、ほとんどの人は、過去の私のように、英語については何も考えずに、気がついたら大学を卒業してしまって、さて困った、と思っているのではないでしょうか。でも、あきらめる必要はありません。そこから勉強をすれば、しっかりと取り戻すことができます。

私の場合も、大学を卒業後、うっかりと外資系に入ってしまったので、そこで受けさせられたTOEICがなんと四二〇点。TOEFLが四七〇点でしたから、TOEICよりもTOEFLのほうが高い、という状態でした。でも、その後、TOEICは約一年半で七四〇点に、三年後には九〇〇点まで上がりました。

では、なぜ私が上げることができたかというと、必要性があったから、という理由に尽きます。

入社した初日の衝撃をよく覚えています。記入してほしいということで人事部から受け取った英語のシートに major と書かれたところがあるわけです。さあ、何を記入したらいいのかわからない。そこで、辞書を引いて、ようやく下のほうに「専攻」という意味を見つけたわけですが、それなら商学部だと思っても、今度は、その商学という単語がわからない。で、再び、辞書を引いて、merchant と書き込んだと、そんな状態だったのです（もちろん、正解は、Business and Commerce です）。

ですから、社内報も全然わかりません。何か社内でメモが回ってくると、知らない単語が、一行に三つくらいある（一ページに三つではありません）わけです。これもまた、辞書で引きながら読んでいく（実はたいしたことのない内容なんだ、というケースも少なくなかった）といった具合に、とにかく、子どもがことばを覚えるように、まずは耳と目で慣れていきました。

ただ、幸い、私たちはもう子どもではないので、子どものように試行錯誤しなくても、文法や発音、ボキャブラリーのトレーニングを受け、理論体系で覚えてそこに知識を当てはめていくという勉強法をとることができます。

とはいえ、理論では割り切れないのが語学です。なぜ、ここにはsがつくのかとか、どうして、ここはinではなくてonなのかとか、場数を踏み、知っている文章の数を増やすしかない部分もたくさんあります。でも、そうやって、ある程度、数を増やしていくと、頭の中で徐々にわかることが増えてきます。

英会話学校に通うのが英語学習の王道

英語の勉強のとっかかりとしては、まず、英会話学校に行ってみることをお勧めします。英語は言語ですから、とりあえず、ことばとして使えるように、学校に行って始めるのが王道になります。

この場合、英会話学校を選ぶ基準が非常に大事です。英会話学校もピンからキリまであるので、質の悪い学校に行くと、時間の無駄になりかねません。

正直に言うと、派手にコマーシャルを流しているような大規模な教室は、先生の当たり外れがある可能性が高いのです。なぜなら、大規模だということは、大量に先生を雇っているわけですし、第一、ほんとうにいいところなら、コマーシャルを流さなくても生徒が集まるからです。だからといって、良心的にやっているところは、口コミでしか知られていなかったり、あるいは規模が小さすぎて経営難であることもあります。

したがって、そのギリギリのバランスをとっているような中規模校をお勧めします。外資系企業の指定校も、このクラスが多いです。東京ですと、たとえば、**フェニックスアソシエイツとかベルリッツ**がお勧めです。

理想的には、マンツーマンのクラスがいいのですが、それだと費用が高すぎてなかなか払いきれませんので、まずはグループレッスンでもいいと思います。たとえば、早朝クラスなど、人が少ないクラスが狙い目です。マンツーマンでも安い金額のところもありますが、その場合は、それなりの質の先生しかいないというのは、ちょっと考えてみればわかると思います。

耳で聞く勉強を併用する

英会話学校に併用して、耳で聞く勉強、すなわち、CDその他の併用もお勧めします。私にいちばん役に立ったのが、**アルクの『TOEIC730点コース』**で、これをコツコツと電車の行き帰りに聞いていたら、ほんとうに、一年で七三〇点を超えるようになりました。同じシリーズで、他にも四六〇点コースとか八六〇点コースもあります。

ほかの教材でもいいのですが、なかなか続かないという問題があります。その点、このTOEICコースは、バランスよく読み書きやヒアリングが入っているということ、TOEICというわかりやすいスコアに向けて訓練するということで、モチベーションが続きやすいのです。

電車の中でとにかく聞く、付属のテストも期限通りに送るようにする、という習慣づけを試してみてください。

ほかに役に立ったのは、基本例文をひたすら収録してあるテープでした。文例が、バロック音楽に合わせてずっと流れていきます。"How are you?" "I'm fine thank you, and you?" みたいな文が延々と入っているテープを聞き続けました。これは、覚えるために流すというよりは、とりあえず暇なときにずっと流して、BGM代わりにしていました。いままでも、そのバロックの音楽とその先生の声音とともに、明確に思い出すことができます。こういうものだと、特に苦労することなく、頭の中に文例が蓄積されていきます。

ボキャブラリー力を上げる

ヒアリングとボキャブラリーの関係も重要です。

よく、英語ができるというと、何でも聞けると誤解されがちですが、当然、得意なエリアと不得意なエリアというのが出てきます。私はふだん、ほとんどビジネス英語しか使う機会がないので、ビジネスの英語だったら特に苦もなく読み書きもできるし、話すこともできるのですが、コメディ映画とかトレンディ映画は苦手で、字幕なしにすっと頭に入ってくるというわけにはいきません。なぜなら、映画で話している人のボキャブラリーが、私の持っているボキャブラリーと違うからです。

やはり、知らない単語は聞けない、すなわち、**読めないものは聞けない**のです。

単に英会話教室に行くことに加えて、**英字新聞や英語の雑誌をせっせと読む**と、いつの間にか、英字新聞をスラスラ読めるようになるのと同時に、聞けるようにもなります。

私は、ある意味、社会人になってから英語を覚えたので、発音はそれほどよくありません。それでもだいたいのことが聞き取れるのは、ボキャブラリーの数が多くて、それの組み合わせでわかるのだろうと英語の先生に言われました。**ヒアリング力を上げるには、ボキャブラリー力も上げる必要がある**のです。

発音は、リスニングで直す

次に、発音の直し方について説明します。私は、学卒のとき、rとlとか、bとvの発音の区別がまったくできませんでした。ネイティブの人は、私の日本語アクセントの強い英語を聞き取れず、ひたすら聞き返してきました。これは正直、コンプレックスになります。こっちはちゃんと話しているつもりでも、向こうには通じないのですから。

では、それをどうやって直していったのかというと、結局、ネイティブの人が使う教科書を使って練習することでした。発音をある程度まで直すと、モゴモゴ小さな声で言っても、ほとんど聞き返されなくなったのです。これは、衝撃的な体験でした。

さらに、出張で一週間ぐらいアメリカに行って帰ってきたときのこと、先生に、「なんでそんなに発音がよくなっているのか」と驚かれました。どうも、一週間、アメリカのネイティブの英語をひたすら聞き続けたので、できなかったことが急にできるようになったらしいのです。

つまり、前にも書いたように、**カラオケで歌を覚えるのと同じ原理**です。何度も聞き続けると、自然にできるようになります。

文法についても、よく、日本人は文法を気にしすぎるという人がいますが、やはり正確な文法で話すべきです。確かに、三単現のｓが抜けているとか、前置詞が違うということがあっても、意味は通じます。でも、私たちもそうですが、相手が文法ミスをすると、それに気がとられて、聞き取りがしづらくなってしまうようなのです。

とはいえ、いまだに私の英語は、明らかに日本人の英語です。そこで、ネイティブのように直そうかと思っていたのですが、これには賛否両論あって、結局やめました。というのは、発音だけきれいにしてしまうと、今度はボキャブラリーが現地のエリート層に比べて少ないので、逆に子どもっぽく聞こえるから、日本人臭さを残したほうがいいのではと複数のバイリンガルから指摘されたためです。

ですので、発音に関しては、相手に聞き返されない程度にまでは訓練したほうがいいですが、やりすぎても、投資効果は落ちるようです。

日常の中で使ってみる

私は日常的に、仕事で英語を使っていたので、自然とネイティブのメールを読むだけでも、英語を覚えていくことができました。このように、仕事で使っていると、自動的に勉強できるというメリットがあります。

また、あまりにも訳がひどい翻訳本は、原書のほうがかえって意味がわかって、おもしろく読めたりします。

私自身のおもしろい英語の勉強体験としては、コンピュータの個人輸入がありました。いまから十五年くらい前は、まだパソコンがPC98ばかりで、そのほかは一般的ではなく、ソフトや付属品も、ドルが一二〇円ぐらいだったのに、実質的には一七〇円換算ぐらいで売られていました。そこで、なんとかこれを安く買えないかと試行錯誤をしたわけです。当時はまだ、TOEICも六〇〇〜七〇〇点ぐらいだったと思います。

パソコン通信で検索をして、「Computer Shoppers」などアメリカのコンピュータの通販雑誌を取り寄せて、一所懸命、国際電話で現地の人と電話で話をして、「この間、頼んだCDが届かないじゃないか」などというクレームをつけるわけです。もちろんスムーズにいったわけではなく、「〇〇さんいますか?」と私が聞いたら、"Speaking."と言われたのですが、私はそれを聞き取れなくて、三回ぐらい聞いてようやく、"Speaking."と言われているのがわかったなどということもありました。

こんなふうに、自分の関心があるところで実践していけばいいのです。この場合、日本で七万円ぐらいのものが四万円ぐらいで買えたので、やる気になりました。マニュアルも当然、全部英語できますから、それはリーディングの勉強になりました。

素直に言われたとおりにやってみる

勉強のコツとしては、「素直に言われたことをまずやってみる」ということもあげておきたいと思います。私が大学のときに、英語のヒアリングの授業がありました。比較的聞き取りやすい、**『ロシアより愛をこめて』**とか**『スタンド・バイ・ミー』**のようなスタンダードな曲をまず、解答なしで聞き取りをさせて、そこで、あとで答え合わせをする、という方法です。

そのときのテストで、平均点よりかなりいい九〇点以上をとったものですから、先生から、みんなの前でどうやって勉強したのか説明しなさいと言われました。でも、私は単に、先生に言われたとおり、その曲を一日五回以上聞いただけだったのです。どうやら、ほかのみんなは、サボって、それをやらなかったらしいのです。

とにかく、あらゆる勉強の基本は「素直」だと思います。私はいつも、「まずはだまされたと思ってやってみよう」というのを、勉強のとっかかりにしています。

また、自分に合った先生を自分で捜すことも重要です。ある英会話の先生に一年半ほどついていましたが、その先生は経済学のマスターを持っている人で、たまたま、ちょっと日本語を覚えたいといって日本に来て、そこでアルバイトをしている人でした。その先生にエコノミストの輪読などをしてもらったおかげで、英語だけではなく、経済学も同時に学べたわけです。もちろん、この先生も、すぐにあたったわけではなく、学校に何回もクレームをつけて、代えてもらった結果です。

一日一時間以上、通勤時間を利用する

英語は、仕事の場を広げるため、あるいは情報量を増やすためのツールです。したがって、毎日、NHKのラジオ英語を五分聞くだけというのでは、あまりにも時間が少なすぎます。

分量でいいますと、やはり、一日一時間以上はとるべきでしょう。通勤時間を使えばむずかしくないと思います。私も、英語の勉強にあてたのは、ほとんど通勤時間でした。

また、英会話学校には早朝に行きました。平日の朝四回、七時四十分から四十分のコースです。それも、家から会社に行く通り道にある学校にしましたから、家を出て、学校で四十分勉強して、そのまま会社に行くというルートが自然にできました。急な仕事で行け

なくなることもないうえ、朝早く出る分、通勤も楽でした。学校自体も、朝は来る人が少ないので発言の機会も増え、非常に効率よく勉強できたと思います。

外国人の友人をつくる

さらなる小さなコツとしては、外国人の友人をつくるというのもあります。

私はマッキンゼーにいたときに、ニューヨークにトレーニングに行き、韓国系アメリカ人の女性と友だちになりました。彼女は、当時、発音の悪かった私の英語を辛抱強く聞いてくれましたが、聞き返されることもあり、また、思っていることをスムーズに言えないストレスもあって、なんとか、彼女とスムーズにコミュニケーションをとりたいといつも思っていました。

会えるのは、せいぜい一年に一回ぐらいですので、とにかく、次に会うときまでには英語をなんとかしようといつも思い続けるわけです。そして、再会したときに、英語がうまくなったね、と褒められると、また次に会うまでにもっと頑張ろうと思うのです。

さらに、彼女はイエール大学のロースクールを出ているとても優秀な人でしたので、メールのやりとりを通じてもずいぶん助けられました。というのも、彼女のメールをネイティブの先生に見せると、韻を踏んでいるとか、高度なボキャブラリーを使っているとかで、とても教養のある人のメールだとわかるらしいのです。そういう相手と英語でやりとりしているうちに、こちらも英語を覚えますし、いつかこんな英語を書きたいなと思うようになるわけです。

初心者の人は、まずオーディオブックを、一〇〇〇時間を目安に

さて、初心者の人は、どこから手をつけたらいいでしょうか。

まずは、基礎編でもご紹介した、オーディオブックがお薦めです。ネイティブがふつうに話すより、はるかにゆっくり、わかりやすく吹き込んでくれています。NHKが夜に朗読などをやっていますが、あれの英語版だと思ってください。

専門書でない限り、そんなにむずかしいボキャブラリーは使いませんし、日本語で読んだことのあるものなら、おおよその内容がわかっていますので、聞き取りも楽になります。さらに、困ったときは、その原文の本そのものも出ていますから、それを見ればいいわけです。紙の本が一〇～二〇ドルで、CDが一〇～二〇ドル、あわせても、一セット二〇～五〇ドルで、三時間から十時間分以上の英語が入っているわけですから、英語の教材だと考えれば、安いものです。

難易度も自分で選べますので、読むとしたら、辞書なしで、七、八割方捕捉できるようなものを選んで聴いてみるのがよいでしょう。耳で発音を覚えていくと、英語の組み合わせであるコロケーションや音声のスムージングも、耳で覚えていくことができます。

このヒアリングの量の目安は、おおよそ一〇〇〇時間。掃除をしているときなどにかけっぱなしにしておくとか、家で音楽をかけるときは洋楽にしておくとか、とにかく、BGMを英語にしておくことをお勧めします。韓国人やアメリカ人で日本語が上手な人の多くは、マンガとJ－POPのCDで覚えているそうですので、私たちも同じように、ありものを活用していくわけです。

CD-ROMやDSも楽しい

成果を測るために、たまにTOEICを受けるといいと思いますが、頻繁に受けるとお金がかかりますので、CD－ROMを買ってきて、それについているテストをやってみればよいでしょう。そこで、何点上がったと実感していくわけです。DSの『脳トレ』が楽しいのは、だんだんと年齢が下がってくるからで、英語もだんだんと点数が上がってくると、ますますやりたくなります。

また、ヒアリングの訓練としては、ＰＣとかニンテンドーＤＳ向けに出ている**『えいご漬け』**もお薦めです。最初は簡単な単語の聞き取りから始まり、最後はむずかしい文章までになります。これも、自分の進捗がわかりますし、細切れの時間でも楽しみながらできます。英語のランクもいつもでてきます。ヒアリングもやるし、その場でアウトプットもやるし、例文を全部読み上げてくれるので、効果的に学ぶことができます。ＴＯＥＩＣが八〇〇点超の人にはやや簡単すぎるのですが、四〇〇～七〇〇点くらいの人には、お薦めです。

英語の訓練に王道なし。とにかく毎日、続けること

とにかく、英語の訓練に王道はありません。仕事に役立てるのだという目標を決めて、ひたすら続けることが重要です。

その柱としては、ヒアリング、仕事の場でのアウトプットのようなライティング、そして、文法、ボキャブラリーがありますが、**とにかく、大事なのは量**です。正直、たかだか週に一回、英会話教室に三、四十分ずつ行ったところで、うまくなるわけがありません。

一方、アルクの**『ヒアリングマラソン』**などの教材は、方法論としては決して間違って

いないと思います。もし、ほんとうに、毎日一、二時間、一〇〇〇時間になるまで聞き続けたら、絶対うまくなります。

問題は、興味のないコンテンツを一〇〇〇時間も聞き続けられるかということです。

それだったら、自分の好きな『ダ・ヴィンチ・コード』とか、私なら、**パトリシア・コーンウエルの『検屍官シリーズ』**を聞いたほうがいい。ほかに、**ジグ・ジグラーのマーケティングやトム・ピーターズやドラッカーの経営論、クリステンセンの『イノベーションのジレンマ』**を聞くなどしたほうが続くのです。

興味がある教材を選び、複層的なやり方で量をこなして、仕事に役立つ英語力の獲得をめざしてください。

12 会計「さおだけ屋」を超える知識とは？

いまや、財務諸表を読むのはサラリーマンの必修科目

会計の本は山のように出ていますが、正直、無味乾燥でおもしろくないと思いませんか？これはなぜかというと、実践が伴っていないからです。けれども、**会計はビジネスの言語**ともいわれていまして、会計がわかる、読めるということは、経済活動がわかる、読めるということです。

いま、財務諸表を読むのはサラリーマンの必修科目です、などといわれていますが、そこで急に、損益計算書、貸借対照表などを見ても、正直、流れがわかるわけではないと思います。それを実感できるのは、損益計算書、貸借対照表の関係を理解し、簿記をやってみてのことになります。簿記を知らないままで財務諸表を読めというのは、基礎がないまま応用編をやるのと同じことです。

家計簿を複式簿記でつけてみよう

そこで、私がお勧めするのは、まずは家計簿を複式簿記でつけてみることです。簿記がつまらないのは、結局、応用する場がないためです。財務諸表は、自社のものであれば経理の人がつくってくれますし、外部のものは、できあがったものが公表されています。そのため、ふだんの業務の中で簿記を意識することはありません。けれども、家計簿を複式簿記でつければ、それを実感することができます。

たとえば、今日、パソコンを十八万円で買ったとします。十万円以上のものは固定資産台帳に載せるので、借方が「パソコン　十八万円」となります。さらにこれをクレジットカードで買ったとすると、これは買掛金ですから、反対側の貸方は、「買掛金　十八万円」となります。これが簿記です。

このときに勉強できるのが、どちらの項目も貸借対照表にいくのであって、損益計算書にはいかないということです。では、これがいつ損益計算書にいくのかというと、費用が発生したときです。

この場合、このパソコンを三年間使うつもりなら、年度末にその三分の一を費用に落とすことになります。年度末に、借方「パソコン減価償却費　六万円」、貸方「パソコン減価償却累計額」というかたちで、この六万円の分だけ、損益計算書の費用の項目にいくわけです。こんなふうに、貸借対照表と損益計算書の関係が体感できます。

また、払ったクレジットカードが引き落とされたときに、この買掛金と現金預金の関係がわかります、借方「買掛金　十八万円」、貸方「現金預金　十八万円」と仕訳を立てるのです。そうすると、買掛金が動くタイミングと現金預金が動くタイミングが違う、ということも学べます。


また、給料も後払いですから、月末には会社に対する売掛金がたち、それが翌月の二十五日になると入金されるので、月末は、たとえば「売掛金　三十万円」「売上　三十万円」という仕訳を立て、それを翌月の二十五日に「現金預金　三十万円」「売掛金　三十万円」と、仕訳を起こすことになります。

こういうものを組み合わせていくと、**自分の年間の売上高と、売上原価がわかり、自分がいくらの付加価値を生み出しているか**が理解できます。

ほかにも、保険を払った場合は、費用分と積み立て分をどう分けて、どこにいくのかとか、自分が買った五十万円の株が四十万円に値下がりしたときは、十万円分評価損失が発生して、自分の損益計算書の利益から引かれるなどといったことがわかります。

弥生の画面

帳簿は、会社単位だと大きすぎてよくわからないのですが、自分の家の中のことなら、自分でつけられるはずです。家全体でもさらに大きすぎるという方は、小遣いを複式簿記でつけてみてもかまいません。とにかく、身近なものを会計に置き換えてみる訓練をするわけです。

利益とキャッシュは別という感覚

家計簿や小遣い帳にも当てはまるのは、簿記でいえば、三級のレベルです。

簿記は初歩的で実務なものとして軽視されがちですが、経済学部でも商学部でも、まず簿記の三級を勉強しますし、マッキンゼーでも、新入社員は、まず三級までマスターすることが必修となっていました。

最初に述べましたように、簿記は、ビジネスの言語だからです。言語がわからないと、財務諸表という本が読めない。フランス語がわからない人が、フランス語の原書を読んでいるのと同じことだからです。

ここで、製造業など、設備投資や在庫が必要な事業の会計は、もうすこしむずかしくなります。簿記も二級にならないと、工業簿記の必要な製造業は入ってきません。これは、現金の動きと利益の動きが分かれるためです。

利益とキャッシュは別である、ということは、会計士や経営者は理念としてたたき込まれるのですが、一般の社会人はその感覚がつかみにくいものです。

財務諸表分析のような本を買ってきても、結局ちんぷんかんぷんなのは、**会計上の利益と現金上の利益はまったく違う**という話を、そういう本がうまく説明できていないからだと思われます。

帳簿をつけていくと、コスト感覚が身につく

さらに、帳簿をつけていくと、コスト感覚も身につきます。すべての会計数値を一時間

当たりの単価に計算する癖をつければ、自分が一時間当たり、いくら稼いでいて、どれだけのキャッシュなり給料なりを使ってしまっているのかということがすぐにわかります。売上高と費用の差額でしか利益は生まれないのですから。

ざっくりいうと、人件費率の高い業種の場合、サラリーマンは額面給料の五倍ぐらい稼ぐ必要があります。

これは、世の中に、一時間六〇〇〇円の商売が非常に多いことからもわかります。マッサージとかネイルサロン、タクシーも、だいたいそれぐらいになります。なぜかというと、その人たちがもらっている給料が、だいたい時給一二〇〇円相当だからです。五倍は稼いでもらわないと、ネイルの部屋を借りて、雇った人を訓練して、宣伝もしてとなると、合わないわけです。したがって、世の中の時給の相場が変わらない限り、私たちが一対一で受けるそういうサービスは、大体みんな六〇〇〇円になります。

逆に言えば、自分が一二〇〇円より高い給料をもらいたければ、一時間六〇〇〇円以上の付加価値を出しているのかどうかを毎日つき詰めていく必要があります。

たとえば、システムエンジニアの日給の相場は五万円から二十万円程度ですが、支払っている会社は、それだけのシステムが積み上がっているかどうか、常に気にするわけです。

出版社は、本も利益が大きいわけではないので、これを何日でつくらなければならないのか、働き方を時給換算していくことになるでしょう。

限界利益の概念からビジネスの本質をつかむ

また、原価計算は管理会計の領域（簿記一級で扱います）になってきますが、そこでは、限界利益の概念が大事です。限界利益とは、売上高から変動費を引いたもので、利益プラス固定費になります。**損益分岐点分析**ぐらいは、ビジネスマンの必修科目にしておきたいところですが、実際には、ビジネスマンでもできない人が多いようです。

ビジネスの本質はつき詰めると、限界利益を高くして商品またはサービスの回転率を速めるという、それだけです。だからこそ、在庫は将来のコストであり、悪になります。

金銭感覚について、会計を使って説明ができるようになれば、たとえばレストランに入ったときに、だいたい、ここの限界利益率はどれぐらいで、客入りがどれぐらいだから、ここは潰れる、というのが予測できたり、逆に、ここは流行っているとか、ここは安いけどこれだけの回転率で良心的だからもう一回来ようとか、判断できるようになります。

このようなバランスの結果、一対一で、ある程度のプロを雇ったときの時給の値段だけではなく、商品のマージンの常識もだいたい決まってきます。

製造業だったら、製造原価五割を超えると限界利益が低くなりすぎて経営が厳しくなりますし、逆に、サービス業で、三、四割を超える限界利益を得るのはたいへんです。さらに小売業になると、できあがったものを売るだけですから、五～一〇％のマージンが入ったらたいしたものです。

こういった**会計の構造がわかっていると、ビジネスの本質がつかめる**と思います。

会計は、英語よりハードルが低く、強力な武器となる

繰り返しになりますが、私は、会計はビジネスの言語であって、英語と同じぐらい大事なものと思っています。ところが、英語に比べて、その重要度は、やや低く見られている傾向があるように感じます。

会計に関する本も、数多くありますが、英語と同じく、「この本さえあれば会計ができる」というような万能薬は残念ながらありません。

たとえば、私は会計が専門ですが、どうやって覚えたかというと、簿記の三級、二級、一級を受けて、会計士学校に行って、大学でゼミ、理論をやり、大学院で実証研究をやってと、十年以上、このことをコツコツと学んでいるわけです。

専門領域外の人がそこまでやる必要はないと思いますが、それでも簿記の二級レベル、できれば一級レベルまで学んでいると、仕事の見え方がかなり変わってくると思います。

まずは、**家計簿を複式でつけてみる。**そのために、とにかく我慢して、**「簿記三級入門」**を買って読んでみましょう。

先に述べましたように、三級では、製造業とか割賦とかリースとか、複雑なものは扱わないので、独学でも勉強が可能です。独学にくじけたら、TAC（各種資格取得のための学校）や大原簿記学校の三級用の通信教育を受けることも可能です。また、時間があれば、英会話学校と同じく、思い切って通学してみてください。

会計は、英語と違って、注目度が低いので、英語よりも投資対効果がいいかもしれません。英語を身につけるには、最低一〇〇〇時間は必要ですが、会計ですと、会計士二次試験に合格する最低限必要な勉強時間が一〇〇〇時間台といわれているくらいですから、実は、英語よりもハードルが低いのです。現に、私は、会計士は一年強で受かりましたが、英語は、意思疎通に問題がなくなるまで、三年以上もかかっています。

したがって、会計はビジネスの言語として、できないと恥ずかしい、英語が話せないのと同じぐらい恥ずかしいと思って対処することをお勧めします。

とりあえず入門書を読むなら

最後に、会計のためのわかりやすい、初心者用の本をいくつか紹介しますので、店頭で手にとって、気に入ったものを探してみてください。

渋井真帆『あなたを変える「稼ぎ力」養成講座』（ダイヤモンド社）

田中靖浩『実学入門 経営が見える会計』（日本経済新聞社）

岩田康成『社長になる人のための経理の本』（日本経済新聞社）

協和醗酵工業『人事屋が書いた経理の本』（ソーテック社）

13 ＩＴ　みんなに頼られるエキスパート

生産性の高い企業は、ＩＴ投資額が高い

いまやＩＴは、日常の生産性すべてに関わってきています。基礎編の勉強法そのものでも、いろいろとＩＴを使ったものを紹介してきましたが、職場でも、家庭でも、ＩＴができるできないで、仕事の効率がまったく変わってきます。

各種調査によりますと、特に一九九〇年以降、国別、ならびに企業別の生産性の違いのかなりの部分が、ＩＴへの投資額の多寡で説明できることがわかります（生産性とは、単純に、一人当たりの売上高から売上原価を引いたもので表されます）。

すなわち、労働一時間当たりの平均生産性をとった場合、物価水準考慮後であっても、**日本は、同じ人数のアメリカ人が働くよりも売上が低い**という結果が出ているのです。

これは、要するに、同じ売上だったら、アメリカのほうが、給料が安くすむということ

です。あるいは、同じ賃金で、日本では一〇〇〇人必要な仕事が、アメリカ人なら七〇〇人ですむということ。アメリカの一〇〇〇人の従業員のいる会社の売上は、同じ給料の従業員一〇〇〇人がいる日本の会社よりも高いということです。

これは、日本の従業員がアメリカのそれより能力的に劣っているということではなく、その原因の多くは、日本のほうが規制があって集約化が進んでいないためと解釈されています。

では、規制がなく、集約化が進んだ業種は、どうして生産性が高くなるのかというと、効率化のためのＩＴ投資が進むためです。たとえば、ウォルマートはもっともＩＴが進んでいる企業の一つですが、店頭でＰ＆Ｇの製品が買われると、回線のつながっているＰ＆Ｇのコンピュータにすぐに記録が連動して入るようになっています。

単純作業は全部ＩＴにもっていかれる

これまで非常に高かった証券会社の手数料が格段に安くなったのも、オンライン化によります。私たちの労力も同じで、ＩＴに置き換えられるものは全部ＩＴに置き換えられ、生身の人間はＩＴにはできないことをやらないと、仕事がなくなります。

たとえば、私にも証券会社時代は専属のアシスタントがいましたが、独立して辞めたいま、アシスタントがやっていた業務は、みな、パソコンのメールソフトや名刺ＯＣＲ、経費管理ソフト、宛名書きソフトなどがやってくれていて、何も不自由していません。

つまり、ＩＴでできることとできないことを理解するためにも、あるいは部下の代わりにＩＴを使いこなすためにも、ＩＴの知識は必要不可欠なのです。

創造的な仕事の生産性も、ＩＴをいかに使いこなすかにかかっている

単純作業だけではありません。創造的なアイデアも、ＩＴを使いこなしてこそ生まれるものだと私は思っています。特に大きいのは、アイデアを生むための情報収集とアイデアを伝達するためのツールとしてのＩＴの役割です。たとえば、基礎編で紹介した『Mind Manager』というソフトなども、ＩＴを使った生産性向上のいい方法となります。

新しいソフトウェアが出てきたり、新しいシステムが入ったりしたときに、それがしっかりと**使いこなせるか否かで生産性が大きく変わり、当然、給料や出世にはね返ります。**

たとえばマイクロソフト・オフィスのアプリケーションである、エクセル、ワード、パワーポイントはふつうに使いこなせて当たり前でしょうが、さらに、エクセルなら、**ツー**

ルバーや細かいゴールシークやソルバーのようなものも含めて使いこなせるのか、というこことです。さらに進んで、**ビジュアルベーシック**まで書けるとなると、本人の市場価値まで変わってしまいます。

社内でも社外でも、自分の生産性を高めるための道具としてITを使いこなしていきましょう。スキルとソフトウェアを一つひとつ、ため込んでいくのです。

ここで、大事なのは、プログラムを覚えることではなくて、どのソフトウェアが使いやすいとか、このソフトウェアを買うと何ができるのかという、道具としての使いこなしの部分です。

たとえば、いまあげた、ビジュアルベーシックについても、自分で書けるのが理想ですが、必ずしも書けなくてもよくて、書ける人とつながるか、テンプレートが落ちているところをネットで検索するスキルがあれば十分です。

メールにしても、何百人もの人に、同じようなメールをいちいち手で送るのはたいへん、でも、一人ひとり送ったように思わせたい。そんなときに用いるのが**「パーソナライズドメール」**（ダイレクトメールにときどきある、「○○さん、こんにちは」となっているメール）ですが、これも、必ずしも、自分でできなくてもいい。ITができる人にテンプレートをつくってもらえばいいわけです。

でも、それも単に流すと先方にわかってしまうので、私は自分に五回ぐらい流して、これだったらシステムだとばれないというレベルにまで仕上げてから流す、というのをやっていました。こういうことがＩＴの使いこなし術です。

ほかに、私が、最近、気に入っているものとしては、**ドキュメント・スキャナー**というハードウェアがあります。これを使うと、紙は全部スキャンしてＨＤＤにカラーで簡単に残すことができますので、紙を捨てることができますし、名刺も文字情報に落として、管理ができるようになります。

初心者は、とにかく自分でセットアップ、アップグレードして、ＩＴに慣れる

いまとりあげたスキャナーにしろ、多くは会社で用意しているものですが、使いこなしている人は少数です。使いこなすにはＩＴのリテラシーがいるためですが、これも、一つひとつ積み重ねるしかないです。突然ＩＴの達人になることは、まずないためです。

人によっては、ソフトウェアのセットアップもできないという初歩的なレベルの人もい

るでしょう。これはもう、自分で自分のノートパソコンを買って、やってみるしかありません。最初は失敗しますし、幾度かパソコンをクラッシュさせることもあるでしょう。それを承知のうえでどんどんやってみる。自分でセットアップやアップグレードをすることを繰り返していく。そうして、ある程度、ITに慣れると、勘が働くようになります。

たかだかパソコンのセットアップと思ってはいけないのです。ここで、自分の箱庭になりそうなシステムをつくっておくことで、社内全体のITの仕組みについても、自然に理解が深まっていくのです。

初心者の方は、ワードとエクセルとメーラーの使いこなしから始めてみましょう。メールものんべんだらりと使うのではなくて、自動振り分けぐらい、自分でつくってみてください。いまのソフトウェアは過剰なくらいの機能が装備され、ていねいにつくられていますので、機能を読みこなして、しっかりと使っていきます。

また、インターネットに不可欠なブラウザ一つでも、**Firefox**を使ったほうが、マイクロソフトに標準でついているIEよりずっと効率的だったりします。

たとえば、Firefoxでは、いちいちアマゾンのページにいかなくても、検索窓から検索が簡単に行えます。これだけでも、一日の生産性が変わってきます。

Firefoxの画面

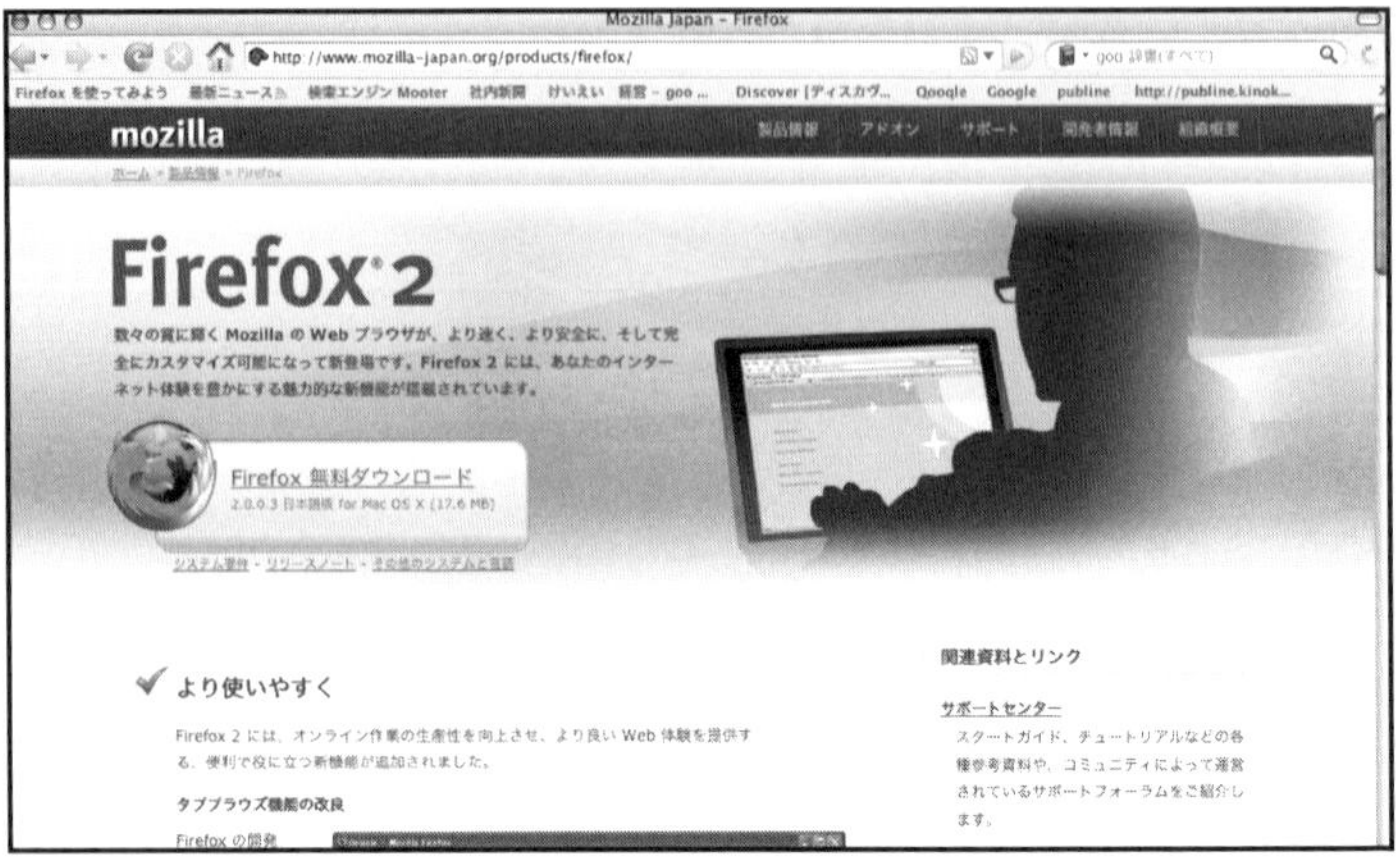

タブブラウザというのですが、一つのブラウザの中で、タブを使って開ける機能があったり、IDやパスワードを賢く覚えてくれたり、検索エンジンも自分の好きなものを登録できたりします。登録しておいたブログのアップデートを、RSSで表示させたりするなど、サービスを自分で組み立てられるところも気に入っています。

Firefoxの普及率は、現在、一〇%程度ですが、着実にシェアが増えてきています。

また、応用編としては、ネットからフリーウェアとかシェアウェアを利用することも可能です。フリーウェアやシェアウェアの利点は、作者にメールをすると、こちらが欲しい機能をつけてくれたりするなど、双方向性があることです。

ＩＴは現代の読み書きそろばん

ＩＴは、蒸気機関以来の発明といわれ、じわじわと私たちのライフスタイルを変えています。たとえば、いまはみんなメールで連絡しますので、電話だけの人とは疎遠になりがちですし、メールも返事が遅いと疎遠になってしまいます。そういうことを考えると、自分だけＩＴは関係ないとも言っていられません。

いずれにせよ、ＩＴを知らないと、読み書きできない時代になっているのです。昔は、読み書きそろばんといったものですが、それが全部ＩＴに置き換わってきているのです。どんなにコミュニケーション能力が優れていようが、どんなにきれいな文章を書けようが、ＩＴでそれが再現できないと、生産性が高まらない時代です。

とにかく、英語と会計とＩＴは、年収を上げていくための三大必須基礎スキルです。どんな仕事をしてようが、足腰として必要になります。残念ながら、すべてを一定水準でできる人はなかなかいません。だからこそ、この三つを兼ね備えていることは、チャンスになります。

14 経済 日経新聞の裏を読める

ビジネスマンがなぜ日経新聞を読むのか？　それは、記事の良し悪しはともかく、「みんなが読んでいるから」です。だからもちろん、あなたも読まなければなりません。

とはいえ、日経新聞に限らず、新聞に載っていることを全部そのとおりだと思って納得してしまうのはよくないと思います。健全な疑問を持ちながら、しっかりと原典に当たるクセを持つことが必要です。それが、メディアの裏を読むということです。

気になる記事は、出典のオリジナル文献、データに当たるクセを

「裏を読む」というのはどういうことかというと、世の中の情報を鵜呑みにしないということです。新聞にしろ雑誌にしろ、表面的なことがさらっとまとめられてはいるのですが、必ずしも記者は専門家ではなく、しかも、いろいろな分野をローテーションで回っていきますので、間違っているとまでは言いませんが、データが必要以上に加工されているケー

スが多いと感じます。

したがって、私が勉強法の一つの柱としてお勧めしたいのが、たとえば、日経新聞を読んでいて、気になる記事があったら、オリジナル文献に当たるというクセです。

たとえば厚労省の記事の引用なら、その白書までさかのぼります。少し前に話題になったホワイトカラー・エグゼンプションも、経団連のオリジナルの提言書にしっかりと戻った人はどのくらいいるのでしょうか？　少子化の話も、ぜひ、『少子化白書』を読むようなクセをつけてほしいと思います。

というのは、記事は、少ないと数百字、多くても数千字くらいです。記者の人たちが、ちゃんと勉強して、一〇〇〇字なら一〇〇〇字にまとめてくれているわけですが、それはあくまで、記者さんのフィルターを通したものです。どうしても、記者さんの考えが反映されます。そして、それが必ずしもほんとうであるかどうかはわからないのです。

自分が関心のある事柄にフックをかけて読む

では、そもそもどうやって、「気になる」記事というのを見つけるかですが、これには、自分が何をしたいのか、どのような情報を求めているのか、というフックをかけることが必要になります。自分の興味に関連する記事は何なのかというのを常に心がけることです。

たとえば、会計の話もＩＴの話も、関連する記事はたくさんありますから、その中で、自分の知識のレベルや関心に応じて、自分の勉強のきっかけになりそうなものを拾っていくのです。もし、会計の話がある程度頭の中に入っていれば、税金の話とか国庫の話とか、お金がらみの話がきたときにも、すぐに納得できるようになります。

さらに、少しでも株や為替を持っていると、経済に非常に興味がわきますので、新聞その他の読み方も真剣になります。自分でドルの買いポジションや売りポジションを持ってみたり、個別銘柄の株を買ってみたりすると、金利にも敏感になり、経済記事も真剣になって読みます。

なお、ふつうの人の新聞の見方は、テレビ欄から見始めて、だんだん社会欄を見ていくというものになりがちのようですが、やはり、**一面から読んでいく**ことです。まず、一面を見て、その端に今日の記事の要約が載っていますので、それを見る。

次に、パラパラめくりながら、各ページをざっと見ます。このとき、記事を読む必要はなく、あくまで、何が話題になっているかということにアンテナを張るわけです。特に気をつけないといけないのは、**海外とか経済**の話はどうしても見逃しがちになること。意識して、しっかりと見てください。

経済学の最低限の知識は持っておこう

のんべんだらりと日経新聞を読んでいても、興味がないと結構つらいものですが、自分のビジネスに役立てるなり、資産運用に役立てるなりの目的をもって読むと、状況は一変します。その裏で、常に原典に当たるというクセをつけておくわけです。さらに、最低限必要な、ミクロ、マクロ経済学の知識を持っていると、さらに、世の中の見え方が変わってきます。

最低限の知識とはどれくらいかというと、たとえば、**ミクロ経済学だったら、需要曲線と供給曲線、価格感受性**くらいまでは理解がほしい。野菜と贅沢品において、野菜が一円上がったときにどのくらい需要が変わるか、高級時計が一％上がったときにどのくらい需要が変わるか、それぞれ曲線のかたちが違うことを理解しておきます。

そういうものについて、頭の中にだいたいのイメージがあると、自社の商品の特性、どういうものを売っていて、どういうサービスをしているのか、ということがつかめるようになります。

マクロ経済学の常識としては、**貿易と財政と国庫と家計の関係**について、だいたいのイメージを持っている必要があります。

日経新聞も、暗黙の了解として、読者はこういうものがわかっているという前提で書かれています。こういうことは、経済学の初歩的な本にはかなり載っています。

英語の勉強に比べれば、時間は短くてすみます。**竹中平蔵氏の『みんなの経済学』**のような、やさしい経済学の本を読み、資産運用などを通じて、今まで人ごとだった経済が、自分の身近なことに置き換えてみるとどうなるかをわかっておくことです。

マクロ経済の勉強にもなるものとして、私の好きなものに、

財務省のHPの中の「財務大臣になって、予算を作ろう」
http://www.mof.go.jp/zaisei/game.html

というものがあります。それをやってみると、日本は、どうにかして、増税をし、補助金などの支出をカットしないと、絶対に大赤字になるというのが実感できます。すると、この先、税金の支出をどう減らせばいいんだろうというのを、かなり真剣に考えられます。

給与明細を細かく見よう

これに関連して、自分の給与明細を細かく見ることもお勧めします。社会保険料がいくらで、住民税・所得税がいくら、年末調整でどういう所得控除があって、といったことが学べます。身近な経済学はそこからスタートします。こういうことがわかっていると、選挙にも行く気になるはずです。

なぜって、おしなべて税金と社会保障費を合わせて、私たちの負担率は四〇％にもなっているのです。自分の収入の四〇％を政府に持っていかれていることに関して、どうして、みんな、そんなに無関心でいられるのでしょうか。不思議に思います。

また、所得税のような直接税は脱税がしやすいので、だんだん社会が発達してくると、消費税のような間接税のほうに移行していくこと、この先、労働人口は減ってきますから、間接税を増やしていかないと、直接税だけだと間に合わないということも、給与明細をきっかけに、意識づけられていくと思います。

身近な数字から、世の中を読み解いてみる

経済については、むずかしい専門書か超入門書が多く、なかなか、その間になるような、

わかりやすい書籍が手薄な分野でもあります。そのため、サラリーマンは敬遠しがちですが、英語、会計、ITと並んで、ビジネスマンに必須の基本的な考え方、スキルになります。お金の流れとか、物事の欲の流れのようなものがどう動いているのかということをざっくりつかめるいいツールになります。

たとえば、身近なところで、書籍の市場の規模はいくらなんだろうと考えるとします。実は、この数字を知らなくても、概算することができます。国民一人当たりが一カ月に本や雑誌に使う金額は、生活支出調査などから、一〇〇〇円強であることがわかっていますので、それに国民の数をかけると、おおよそ、一兆円と二兆円の間だろう、ということまではわかるわけです。実際、年間、書籍で九千数百億円、雑誌で七〇〇〇億円ぐらい、合わせて一兆七〇〇〇億円程度です。

このように、数字から、自分がやっている業界の規模とか経済をつかむクセはつけておくべきです。

ほかにも、新聞がなぜ毎日、安い値段で家まで届けてくれるのかというと、購読料と同額程度の広告収入があるからなのですが、新聞の広告費は、ネットの台頭や割高感から、右肩下がりになっていますし、団塊の世代が会社を辞めても購読を続けるのかという問題もある。とすると、この先、新聞社そのものの経営はたいへんになるだろう、ということが類推できます。

ちなみに、新聞広告の割高感も、数字を使って分析できます。

私たちが新聞を読むのに費やす時間は、平均すると、一日十二、三分です。これを、一分当たりの広告費として逆算すると、新聞はネットやテレビに比べてかなり高くなります。新聞では一分当たり一・二円なのに対して、テレビは約二十一銭。さらに、ネットとなると、一分当たり十八銭と、もっと安くなります。

一応、新聞を読む層というのは、知識層であり購買力の高い層であるから、六倍払ってもペイするという理屈で通ってきたわけですが、では、ほんとうにそれだけの価値があるのかと、だんだん疑問に思われてきているのです。たとえば、本の宣伝はよく新聞で行われていますが、出版社のブランディングの意味はありますが、個別の本の売れ行きでは、さほど効果はないようです。

実際、こういう数字は、ネットにもさまざまな白書として掲載されていますし、**政府刊行物センター**に行けば、これでもかというほど統計資料が並んでいます。そこで、興味のある数字を収集し、数字と数字を組み合わせれば、おもしろいことがわかってきます。

経済学は、ライバルが少なく早期に差がつく、勉強の穴場！

日本では従来、いちばん偉いのが法学部で、お役所に行くような人がいて、次に、医学部に行く人が偉くて、などとされ、経済学部、商学部などの文系の学問は軽んじられてきた経緯があります。東大に商学部がないのが、それを象徴しています。

これを逆に言うと、経済についていては無知な人が多いということです。ちょっと勉強するだけで差がつく、効果が早期に出やすい領域であるということです。

世の中でこういうものが起きているということに関して理解できる程度の知識と能力があったほうが、ふだん新聞を読んでいても楽しいですし、ビジネスランチでのお客さんとの会話にも必要です。

たとえば、教育の問題も、子ども一人を育てるコストがだいたい五〇〇〇万円で、それに対し、生涯賃金がだいたい正社員で二億数千万円、フリーターが八〇〇〇万円という統計がありますが、それらをとりあげて、どうしてそうなるんだろうという意見が持てるようになるわけです。

経済こそが、実は、お金に直結する勉強になるはずです。ところが、日本人全体のお金への関心が低いせいか、これまであげてきた、会計、ＩＴ、英語と比べると、勉強している人は圧倒的に少なくなります。

つまり、穴場なのです。勉強を強化することをお勧めします。

経済学を学ぶことは、自分の収入に直結し、収入は幸せに直結します。自衛のためにも、資産運用やポジションアップのためにも、経済学を勉強し、ビジネスや資産運用に生かしてください。

入門書を読むなら

ここで、お勧めしたい初歩的な経済学の本をあげておきます。

竹中平蔵『やさしい経済学』『竹中教授のみんなの経済学』（幻冬舎）
スティーヴン・レヴィット『ヤバい経済学』（東洋経済新報社）
飯田泰之『経済学思考の技術』（ダイヤモンド社）

15 転職　身につけたものをお金にしよう

勉強の成果が、望む年収に結びつく業界に移動する

よく聞かれるのは、「会社の調子が悪かったら、どんなに勉強してもなかなか収入が上がらないのでは」ということです。確かに、業界ごとにある程度の相場があるため、それ以上に稼ぐというのは厳しいという事実はあります。したがって、はじめから自分が稼ぎたい相場を達成できる会社に入る必要が出てきます。

とはいうものの、社会人になってみないとわからないし、入ってから、しまったと思うケースも少なくないでしょう。そこで、いまの会社や業界ではだめだと思ったときに、稼ぎたい相場の会社や職業に転職できるかどうかが、勉強を年収アップにつなげられるかどうかの鍵になります。

訓練期間を長く要する職業ほど供給が少なく、給与が高い

10倍RULE⑳〈同じスキルでも、業界によって報酬は異なる〉

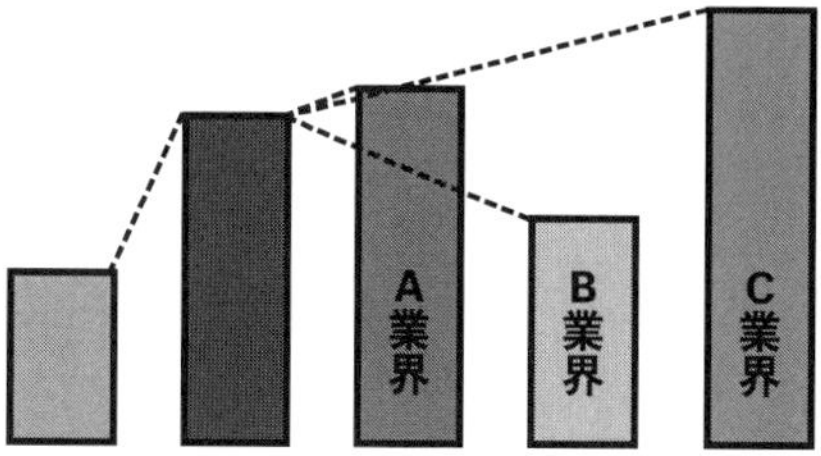

では、高い収入の得られる会社や業界とはどこでしょうか？　答えは、人材の需要があるのに供給が少ない会社です。要は口がたくさんあるのに、できる人が少ないから相場が上がるわけです。では、できる人が少ないというのはどういうことかというと、多くの場合、**教育期間、訓練期間の長さがボトルネックになる**ようです。

たとえば、前述の一時間六〇〇〇円ぐらいのサービスを提供する、手取りの時給一二〇〇円の業界、すなわち、ネイルやタクシー、マッサージなどは、平均数カ月の訓練期間があれば、就くことができます。

これに対して、給料が高い職業の代表である、証券アナリストはどうでしょうか？

私も三十代の半ばはアナリストをしていま

したが、業界の悩みとしてアナリストがなかなか育たないということがありました。新卒からのたたき上げで、お金が稼げるアナリストは十人に一人育てばいいというのが業界の平均です。しかも、一人前に育つのは、三十歳前後ぐらいからで、それまでずっと教育投資をして会社が育てていかないといけません。

たたき上げで育てられないとなると、コンサルティング会社などから即戦力になる人材を引っ張ってくるしかありませんが、それはそれで、引き抜きですから、またコストがかかります。

なぜ、そんなになりにくいかというと、顧客サービス、業界のリサーチ、株価の予想、計算などを同時に行う必要のある仕事のため、会計、経済、ファイナンス、営業、そして業界の知識があり、さらに、エクセルが使いこなせて、しっかりとした文章が書けるという、複合的なスキルが求められるからです。

このため、アナリストをしたいという人は結構多いのですが、実際にできる人は少なく、常に人材不足の状態です。その代わり、一回なってしまえば、それなりの給料がもらえるというわけです。

勉強の成果を収入に結びつけたいのであれば、このような業界をめざす必要があります。

成功する転職三つの条件

転職に成功するには、三つの条件を満たす必要があります。

一つは、そもそも転職先の仕事が自分にとって**儲かる仕事なのかどうか**ということ。これは先ほど述べたような、需給のバランスで決まってきます。

二番目は、自分が**能力的にその仕事ができるのかどうか**ということ。

三番目は、その仕事が**本人にとって楽しいかどうか**です。

この三つの条件が満たせないと、長続きしません。

もちろん、長いスパンの目標の中の一部としての転職なら、必ずしも、これらを満たしている必要はありません。

たとえば、宅配便のドライバーはそれなりに給料が高いのですが、ずっとそれをするというより、最初から、この先こういう事業をやりたいとか、こういう店舗を開きたいということをめざして、お金を貯めるために行っている人もいると聞きます。

転職には、見た目にわかりやすい資格や英語力が有利

転職に際しては、やはり、前の章でも触れた資格試験が鍵となります。本人の能力が、客観的に測れるからです。特に、その資格がなければできないという仕事は意外と少ないのですが、資格があったほうが、会社にも会社のお客さんにもわかりやすいのです。

たとえば、最近、SOX法という新しい法律が日米ともにできて、内部統制を厳しくしようということになりました。そのため、会計士は、これまで監査するだけだったのが、業務プロシージャー（業務の手順を標準的に定めたもの、業務の流れ）の全体にわたって監査をしなければならなくなりました。

実際、SOX法の対応をするのは会計士でなくてもいいのですが、顧客側としては、会計士がやってくれたほうがなんとなく安心できます。この結果、いま会計士が非常に不足していて、どこの監査法人も会計士をほしがるようになっています。

つまり、会計士ではなくてもできる仕事なのですが、「シンボル」として会計士という資格があると、誠実な人、あるいは業務知識がある人だと、顧客が納得するわけです。

また、私は長年、外資系で勤めてきて、いろいろ採用の面接官もしてきましたが、面接

していてもったいないと思うのは、優秀な人でも英語がボトルネックになってしまって、雇えないケースが多々あるということです。

英語ができないとそもそも応募してきてくれませんし、応募してきても、この英語力だと、あとあと苦労するだろうと思うと、採用するほうもためらってしまいます。

TOEIC換算で八〇〇～九〇〇点ぐらいの英語力なら、独学で身につけることができますし、転職のための資格となります。

転職マーケットで自分の価値を客観的に測る

さて、転職したことのない人は、意外に、そのハードルを過大評価しているように思います。世の中、人が足りない会社は数多くあります。

まずは、人材マーケットに出ていって、自分の価値がいくらぐらいで、どういう会社なら、どれくらいで入れるのかという、外からの評価を受けておくことをお勧めします。ほんとうに転職するかしないかはともかくとして、自分の能力、市場価値を客観的に計測しておくことはとても大事です。

転職は、一般的には、大企業からベンチャー・中小企業へというケースが多いと思います。大企業では、スキルを得る機会は多いものの、それを生かすこと、やりたいことを行うのを制限されることが多いからです。より組織の縛りが少ないところに移ることを求める人が増えてきます。ただし、最近は大企業から別の大企業に移る、というケースも増えてきました。年々、人材の流動性は高まっているので、スキルがある人にとってはチャンスが広がっているともいえます。

勉強は、成果が見える仕組みにしておいたほうがいいという話をしていますが、転職市場における自分の価格を知るというのも、一つの目に見える成果だと思います。もし、その値段が自分が思っていたものより少ないとしたら、望む年収を得るには、さらにどのようなスキルをつければいいのか、判断できます。

これからは卒業大学のブランドだけでは通用しない

これまでは、卒業大学で、ある程度、序列が決まり、レッテルが貼られてきました。それは、卒業大学で、会社に入ってからのその後のパフォーマンスがだいたい計量できたため、卒業大学にさえ気をつけてリクルーティングをしていれば、大きな採用ミスはないという、いわば統計学に基づくものでした（私のいた会社でも分析していました）。

つまり、ある程度、ブランド力のある有名大学に受かるということは、短時間の問題解決能力や事務処理能力に優れているということを意味するからです。このあたりの話は、**『ドラゴン桜』**などのマンガにも詳しく載っています。

ところが、いま、必ずしも、この物差しがあてにならなくなってきました。それらの能力は、ITにどんどん置き換わってきているからです。私の友人のことばで、名言だと思ったのが、「勝間さん、世の中の定型作業は、だいたい、ワードとエクセルとアクセスでできるんですよ」ということです。すなわち、ワードやエクセルで代替できないものだけが、人間の仕事として残っていくわけですから、コンピュータよりもクリエイティビティとか柔軟性がない限り、これからの世の中では必要のない人材になります。

では、コンピュータにできないこととは何か？

それは、複数の分野にまたがる知識から判断する意思決定と、リーダーシップでしょう。

したがって、いずれにせよ、この先、卒業大学によるブランディングだけで、一生通用することはありません。ブランド大学を出ている人も、これまで述べてきたようなスキルを学び続け、それをわかりやすいかたちで表現しなくては生き残れません。

逆に、卒業大学がブランド校ではない人にとっては、チャンス到来です。これからの勉強によって、敗者復活は現実のものとなります。

転職しない場合も、転職市場で自分の価値を測りながら勉強する

いますぐ転職しない人も、日経新聞や朝日新聞の求人欄を見ることをクセにするといいでしょう。世間でどういう人たちが必要とされているのかをまめに眺めると、世の中の動向がだいたいわかるようになります。

たとえば、日経は圧倒的に金融系、経済系の募集が多いし、朝日新聞は、編集や営業系の募集がたくさんあります。どちらも、できる人が少ないためでしょう。

とにかく、自分が得意で、世間にできる人が少ないためある程度の収入があって、かつ、自分が楽しめる仕事。それをめざしてジャンプアップするために、勉強を活用していってください。

勉強こそが、男女や境遇、体格などを問わずに得られる武器です。キャリアアップと幸福のための武器です。常に、転職市場で自分の価値を測りながら、勉強を続けていくことをお勧めします。

【全面広告】
日本経済新
人材募集広告は毎週日曜日掲載です。
三菱東京UFJ銀行
ING
あなたのキャリアが求められています。
日本経済新聞
トランザクション・バンキング業務
ドイツ銀行 東京支店
Deutsche Bank
Career
人材募集広告のお問い合わせは
株式公開の人材
格付けアナリスト志望者求む!
格付投資情報センター
http://www.r-i.co.jp
国際法律事務所求人特
日本銀行

16 資産運用 勉強内容が収入に直結する

資産運用の方法を知らない人が多い

転職とはまた違った軸で、勉強の成果を上げる方法として、資産運用があります。

資産運用というと、最近では、デイトレードのようなものと誤解されますが、デイトレードと資産運用は違います。ここでいっている資産運用とは、**しっかりとした金融の知識に裏づけられた長期運用**を指します。

『金持ち父さん、貧乏父さん』（ロバート・キヨサキ著 筑摩書房）が出て、多少、一般にも意識が出てきたようですが、それでも日本人の場合、かなり教養があり資産がある人でも、資産運用をやっていないケースが多く、非常にもったいないなと感じています。

よく日本人はリスクが嫌いだから投資をしないというようなことをいわれますが、実際には、日本人は決してリスクをとることが下手な民族ではないようです。国民的なベンチマークの実験をすると、リスクをとる能力に関してアメリカ人と大差はありませんでした。

では、なぜ、日本人が投資をしないかというと、その理由は、単に、資産運用の方法を知らないということにあるようです。たとえば、小、中、高校と、金融教育の授業はほとんどありませんから、どういうふうに金利が動くのだとか、株はどういう仕組みであるとか、基本的な知識がすっぽりと抜けてしまっているのです。

やり方がわかれば誰でもできる

したがって、日本でも、金融や保険など、投資に近いところの仕事をしている人は、しっかりとリスクをとって資産運用をしています。ですので、**やり方がわかれば、誰でもできる**ことなのです。

たとえば、どんなに日本の株が儲からないからといっても、平均すれば、年五%程度は儲かるようなリスクプレミアム（リスクをとる対価として、元本保証の金融商品よりも高い利率となること）があります。ただ、短期的に見ると、三〇%損する年も四〇%儲かる年もありと、収益は非常にぶれます。そのことを知っていないと、管理ができないと感じてしまうのです。

また、これまでの日本は土地信仰が強かったことも、資産運用をしている人が少なかった理由でしょう。持ち家でも、巨額な住宅ローンを組みすぎて、それ以外の金融資産のリスクがとれなくなってしまうという傾向もあります。

しかし、不動産も、二十世紀までは悪くはなかったのですが、デフレになってからは値上がりが鈍ってきていますし、長期的に見ても、今後は少子高齢化で世帯数も減っていくため、住宅の値上がりは頭打ちになる可能性が高いといえます。

これからは、あまりにも高額なローンは避けるべきでしょうし、投資先としても、不動産だけではなく、ほかのものに分散投資したほうがいいということになります。

余裕資金を、五年十年の期間で計測し、少しずつ投資していく

さて、資産運用のコツは、余っているお金を少しずつ投資していく習慣をつけていくことです。この場合の投資先は、株でも債券でもいいのですが、リスクはあるけれども、それに応じたリターンもあるものにします。

最近はインターネットで取引できるようになって楽になりました。ここでも、基礎力として身につけたＩＴのスキルが生きることになります。どの証券会社の、どのような商品が有利なのかを調べるには、ネットが重要な情報源の一つになります。

ただ、むずかしいのは、株でも債券でも金融の相場ものは、最初、初心者は絶対損するようにできているということです。これは行動ファイナンスと呼ばれる心理学的なもので、人間は最初、どうしても損をするように行動してしまうのです。

しかし、そこの**損した時期をいかに乗り切るか**ということが一つの勉強になります。上がろうが下がろうが一定額入れ続けて、五年十年の期間でリターンを計測する習慣が必要です。上がったところを見てあわてて買い、下がるとつい解約したくなるのでは、必ず負けてしまうことになります。

独立できる自由を得るための資産運用

こうして、多少授業料を払ってでも、資産運用をまめにやっているとは何がいいかというと、会社に隷属せずに、独立できる自由を得られるからです。生活を、会社からの収入に一〇〇％頼っていると、転職を含めたリスクがとりにくくなりますが、資産運用で、ある程度の貯蓄があると、必要なときに、必要なリスクをとれるようになります。

私のお勧めは、**最低一年間、できれば三年間ぐらい無収入でも暮らせるぐらいの資産を積み上げておく**ことです。そうすると、会社でいやなことがあったときも、いざとなったら辞めればいいと思って精神的に余裕ができるため、けっこう我慢できるものです。もちろん、ほんとうに辞めて、独立もできます。

独立した場合、最初からサラリーマン時代と同じだけの収入があることはまずなく、半年から数年間、金銭的には苦しい時代が続きますが、そのときに、資産運用の収入があるのとないのとでは、精神的な落ち着きが違います。

運用成績で、勉強の成果を測ることもできる

勉強の成果を目に見えるかたちで測れる状態にしておくという点でも、資産運用の場合は、毎回とるリスクを自分で決められるため、転職ほどのリスクもなく、成果を知ることができます。

インターネットで口座を開いて株や為替の運用をするのは、いまは、数十万円あればできますから、ボーナス一回分でとりあえず始めてみましょう。

この運用も、二〜三倍を一気にめざそうとすると、リスクをとりすぎて、話がおかしくなりますから、だいたい平均して、年率五〜一〇％ぐらいで回ればいいやという気持ちで、うまくリスク・コントロールしてください。

複利計算というのはバカにならなくて、年率五％でも十年間回せば一・六倍、年率八％

なら二倍以上になります。

国債は都市銀行より安全

具体的に、何を買ったらいいかですが、まずは、債券から説明しましょう。

国債の利率が低いといわれますが、それでも、同じ期間であれば、銀行に定期預金で預けるよりずっといいです。都市銀行のほうが、国よりもクレジットリスク（お金を借りた人が破産して、貸した人に元本が戻らない確率）は高いはずなのに、みんな、より低い金利で我慢して預けているのは、理論的にはおかしいのです。

いまは国債もそんなに利率はよくないのですが、十年国債で一・八％ぐらいありますから、十年後には約一・二倍になります。

ドル建ての債券を一定比率持つとリスク分散になる

また、二〇〇六年は、グローバルソブリン債といわれているような海外債券がブームになりましたが、これも、利率がとても高いからです。グローバルソブリン債は、リスクがかなり高い国で運用をしているとか、分配金が利率よりも高いケースがあるなど、問題がないとはいえない仕組みの商品ですが、それでも、顧客が、利回りが出る商品であればリスクが高くても買うものだ、ということを示した事例だと考えています。

ドル建ての債券は五％の金利で回りますから、ドル建ての資産をつくったら、放っておけばいいのです。アメリカの債券を買っておけば、今からドルが半額になることはないでしょうから、ある程度、円高になったとしても、利息でほぼ取り返せます。

外貨預金より為替証拠金取引が有利

為替証拠金取引も、金利差が大事です。たとえば、一ドルの為替を買うと、一日にだいたい一・五銭ずつ円高に向かっていっても、スワップポイントといわれる利息がもらえるため、差し引きゼロになる仕組みです。

したがって、たとえば、一一七円で一ドルを買ったとして、これが一年かけて一一二円になったとしても、金利分でようやくトントンですし、運良く一一七円で止まっていたら五円儲かります。一三〇円になろうものなら、さらに両方儲かります。

こういうリスクがある商品は、証券会社に口座を開いて、そこに証拠金を預けて、買うというかたちになります。外貨預金にしてもいいのですが、外貨預金だと片道三〇、五〇銭の手数料をとられますので、為替証拠金取引にするか、自分でアメリカの債券を買った

日経新聞の株価の欄

ほうが有利です。

株は、最初は、TOPIXや日経平均連動型投信を

株の場合も最初は、リスクの小さいTOPIXとか日経平均連動の投資信託をお薦めします。これだと、個別の株を選ぶ必要がなく、しかも市場並みの上げ幅は確保できますから、リスクが分散できます。

通常の投資信託ですと、買うときに数%、年間に一・二%くらいの手数料がかかるのですが、TOPIXや日経平均連動型投信は手間隙が少ないため、売買にも手数料がかからないことが多く、そのあとの年間の信託報酬も、〇・六%くらいと、通常の信託の約半額になり、お得です。

投資信託は、証券会社に口座を開くことで買えますが、最近は銀行や郵便局の窓口でも買えるようになりました。ただ、銀行の窓販の投資信託は手数料が高いので、オンライン証券会社などから買ったほうが、同じ商品でもお得になります。

こういうことも、せっかくの勉強ですから、自分でインターネットを使って検索して、料金を比較して、調べてみてください。

一般の株は、デイトレードではなく、配当狙いでコツコツと

一般の株の場合は、とにかく、手早く儲けようとしてリスクをとりすぎないこと。失敗の理由のほとんどはそれですから。値上がり狙いよりは、配当狙いでコツコツやった人のほうが、結局儲かったりするわけです。

投資で儲ける人には、あまり人気がないお買い得株（バリュー株といいます）中心に買っていて、成長が期待されるグロース株を避けているなど、顕著な特徴があります。

したがって、新興インターネット企業やバイオ株を買うよりは、配当利回りだけで二％あるような株にしたほうが、堅実に儲けられるわけです。

余裕資金の三分の一、まずはボーナス一回分から始めよう

さて、運用する資金の目安としては、余裕資金の三分の一程度、スキルがついてきたら、半分強を当ててみることをお勧めします。

また、**必ず、分散投資**で臨みます。すべてを国債にするとかではなく、外国のものも、日本のものも、国債も、株も、バランスよく買うわけです。それが面倒だという人は、さらに、バランス型の投資信託もあります。

資金運用をすると、お金が働くとはどういうことかという資本市場の原理が理解できるというメリットのほか、なにしろ自分のお金が絡んでくるので、経済を中心にいろいろと勉強の意欲がわくというメリットもあります。

はじめは、**月々三〇〇〇円の金（きん）や株の積み立てでスタートしてもいい**のです。とにかく、実際にやってみることです。

そうすると、金融商品ごとの手数料の違いとか、経済の流れとか、日銀総裁が何を言ったかということに、突然、敏感になります。

ただ、最初は絶対に失敗しますから、失敗した段階でくじけずに、勉強を続けることです。そして、値下がったからといってむやみに解約しないこと。五年十年単位で考える投資だということを忘れないでください。

17 さぁ、スケジュール帳に予定を入れましょう

最後に、明日からやってみることをまとめていきましょう。

まず、ノートパソコンを買いましょう。

日経新聞をとってない人は、とってください。

あとは、ある程度の勉強の予定を立てていきます。

細かいものや大げさなものではなく、「二カ月後までに簿記三級を取る」などの目標値を定めてしまってから、そこから近いスケジュールを逆算していきます。

たとえば、会計の勉強がしたいと思ったら、「次の日曜日にTACに行って相談する」など、自分の行動のきっかけになるようなイベントを自分のスケジュール帳に書き込んで予定を立ててしまいます。

ほかにも、ちょっと長期的なものになりますが、自分で本を書くというのも、とてもよ

い目標となります。本を書くには、人に誇ることができるようなスキルを積み上げておく必要があるからです。

繰り返しになりますが、とにかく**自分の意志でどうにかしようとか、暇なときにやろうと思ってはいけません。**まず何もやりませんから。

最初にやることを決めてしまって、強制的にいつやるのだということをスケジュールに掲げてしまうことがコツです。それから、その計画にしたがって少しずつ進めていきます。

これも、全部いっぺんにやると爆発してしまいますので、その中でほんとうに自分にできるなと思うことを、せいぜい二つ、三つやってみて、**一つひとつの成果を実感しながら進めていきます。**

成果の実感とは、たとえば、転職市場で自分の評価が上がるとか、資格試験で級がよくなる、ボーナスの査定がよくなる、あるいは上司にほめられるようになったなど、些細なことがだんだん返ってくるようになったということが、実感として感じられればいいわけです。

真面目にやり出すと、おそらく、**成果が出るまで三ヵ月はかからない**と思います。特に、これまであまり勉強しなかった人は、三カ月でかなり変わってきますし、それなりにやっていた人でも、六カ月ぐらい基礎を固めると、成果がまったく変わってくると思います。

とにかく、三カ月から六カ月やり続けられる仕組みをつくってみましょう。

勉強はダイエットと同じで、はじめはやる気があって意気込んでも、結局、続かないので、途中でいやになってしまうものです。そのため、途中で必ず進捗を確かめてみるとか、ブログを書いて自分で宣言をしてしまうとか、いっしょにやろうといって仲間をつくって、周りと本の貸し借りをするとか、オーディオブックは何がいいというのを教え合うとか、**自分でコミュニティ・ラーニングの手法を取り入れていく**のが、続く秘訣です。

また、会社からの指示があったら、それに合わせて**集中的に勉強をしてしまう**のも一つの手です。会社に言われて英語の勉強をしなければいけないというので、たとえば朝のラジオ英会話などを聞いている人は多いようですが、それだけでは、英語の勉強量が少なすぎます。

本気でTOEICの点数を上げたいと思ったら、本文の中でも書きましたように、集中的に、通勤の電車の中では全部英語をやるぐらいでないといけません。それでも一日二時間、一〇〇〇時間やるには五〇〇日かかります。だから、土日はもっと時間を増やして、

郵便はがき

料金受取人払

麹町局承認

700

差出有効期間
平成21年
7月20日まで
（切手不要）

102-8790

210

東京都千代田区三番町8-1

Discover
ディスカヴァー

行

ディスカヴァーの本をご注文くださる場合は以下にご記入ください。

●このハガキで小社の書籍がご注文になれます。

●ご注文いただいた本は、小社が委託する本の宅配会社ブックサービス（株）より、1週間前後でお届けいたします。代金は、お届けの際、下記金額をお支払ください。

お支払金額＝税込価格＋手数料

（手数料は税込価格合計1500円未満の場合500円、1500円以上の場合200円）

●電話やFAX、小社Webサイトでもご注文を承ります。

http://www.d21.co.jp　電話 03-3237-8321　FAX 03-3237-8323

ご購入になる書名	税込価格	冊数

お名前《フリガナ》

ご住所　（〒　　ー　　）

お電話　（　　）

愛読者カード

◆本書をお求めいただきありがとうございます。ご返信いただいた方の中から、抽選で毎月5名様に**オリジナル図書カード（1000円分）をプレゼント！**◆小社の新刊や読者プレゼント、イベント等のご案内、アンケートをお送りすることがあります。**◆メールアドレスをご記入いただいた方には**新刊情報や既刊のコンテンツをピックアップした小社のメルマガをお届けします。

フリガナ お名前	男 女	19　年　月　日生　歳
e-mail (PC)　@		
e-mail (携帯)　@		
ご住所　（〒　ー　）		
電話　（　）		
ご職業　1 会社員（管理職・営業職・技術職・事務職・その他）2 公務員　3 教育職 4 医療・福祉（医師・看護師・その他）5 会社経営者　6 自営業 7 マスコミ関係　8 クリエイター　9 主婦　10 学生（小・中・高・大・その他） 11 フリーター　12 その他（　）		
本書についてのご意見・ご感想をお聞かせください		

ご意見ご感想は小社のWebサイト上でも簡単に送信できます。 →http://www.d21.co.jp/html/c58.html
ご記入ありがとうございました。ご感想を匿名で広告等に掲載させていただくことがございます。ご了承ください。
なお、いただいた情報が、上記の小社の目的以外に使用されることはありません。

その一〇〇〇時間を一日でも早くクリアする、そのような計量を常にしていくことが大事だと思います。

そして、よくありがちなのが（この本を読んでくださっている人は、ほかにも、この手の本をたくさん買っていると思いますが）、勉強本を買って、ただ読むだけに終わってしまうことです。一つでも二つでもいいですから、ここに書いてあることを、明日からやってみていただきたい。**この本に書いてあることをやらないうちは、次の勉強本は買わないでもらいたいのです。**

実際にやってみて、その成果を実際に見ながら、今度は自分なりの勉強法をだんだん編み出していくというかたちが好循環につながります。

また、何度も言っていますが、**夜中頑張って勉強するとか、朝早く起きるというのは、睡眠時間が削られるので、長続きしづらいですし、頭の健康のためにもよくありません。**

あまり無理なことはせず、無理をするよりは、いまの生活のリズムの中で、勉強を押し込める隙間をどんどん探してください。これまでテレビを見ていた時間を勉強に切り替えるなど、トータルな活動時間は変えずに、勉強にあてるために、削る時間を見つけます。

10倍RULE㉑ 〈新しいことをやるときは、足し算ではなく、足し引き算で〉

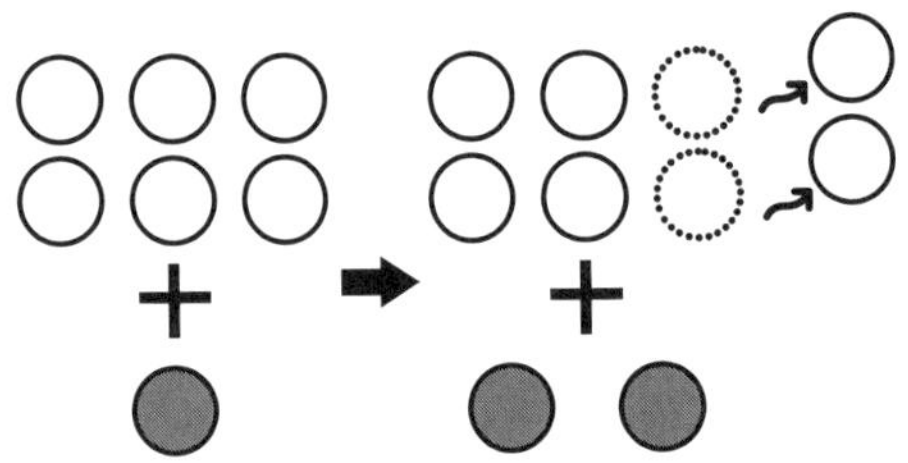

とにかく、勉強時間の確保のコツは、何かほかの時間、おもに隙間にあった無意味な時間をあてることです。そうしないで、現状の生活時間に勉強時間を足そうとすると、数日は続いても、数カ月単位で見ると、また戻ってしまうのです。

新しいことをやるときには、**足し算ではなくて、足し引き算**にして、全体のバランスを整えていかないといけません。

そういう意味からも、耳での勉強はお勧めです。とりあえず、Audibleと契約をしてみるとか、Audibleのハードルが高かったら、とりあえずアマゾンで適当なCDを買ってみるとか。最近は、MP3も一万円未満で買える機種も増えてきましたが、もし、MP3を持っていなくても、ポータブルのMDプレーヤーがあるなら、それを活用するということです。

この本が、ほかの勉強法の本と大きく違うことは、設備投資的な発想が強いことではないかと思います。**機器にしろ、基礎訓練にしろ、多少、初期にお金がかかってもいいから、勉強が無理なく続く仕組みをつくる**ことを推奨していることでしょう。

あとは、勉強の中身というよりは、仕組みとかやり方を個別に具体的に説明していることだと思います。必ずしも、ここであげたやり方が全員に当てはまるわけではないと思います。自分だったらどうやったら続けられるのかということを考え、独自の方法、仕組みをつくりあげていくとしたら、それがもっともすばらしい勉強法になります。

どんな方法であれ、続けることができれば、よほどまちがったやり方をしていない限り、成果は上がるからです。

コンサルタントの用語で、WHY/WHAT/HOWという組み合わせがあります。問題解決には、なぜというWHY、どの目的のためにというWHAT、具体的な方法としてのHOWがないといけないという考え方です。

これを勉強に当てはめますと、特にWHYとWHATが重要です。

世の中に**よくある勉強本は、HOWは充実しているのですが、その前提となる「なぜ勉強するのか（WHY）、何を目的に勉強するのか（WHAT）」が曖昧**なため、細かいHOW論の積み上げになり、結局、勉強法に関する「雑学」で終わってしまいがちだと感じます。

でも、それは、ある状況における、あるスキルを持った人が、ある勉強をするときにだけ役に立つものであって、応用がききにくい。それよりは、広範な勉強に対して、何にでも適応できるような仕組みを自分で開発していったほうが近道です。

たとえば、資格試験について、勉強内容の細かい具体論を積み上げるよりは、まず資格試験の申し込みの日取りなどの予定を決めること、その先のキャリアを決めることが重要であって、HOWはそこから逆算して、この本のヒントを参考に、自分で決めていくことだと思います。

資産運用についても同様です。具体的に株式投資のために、「ここのサイトを見て、この回転率を見て、ここで、こういう勉強しよう」というよりは、まずは自分で証券会社に口座を開き、投資信託や株を売買して、ある程度は痛い目をみることで、自分で勝手に勉強しだす、そういう仕組みをつくり込んでください。

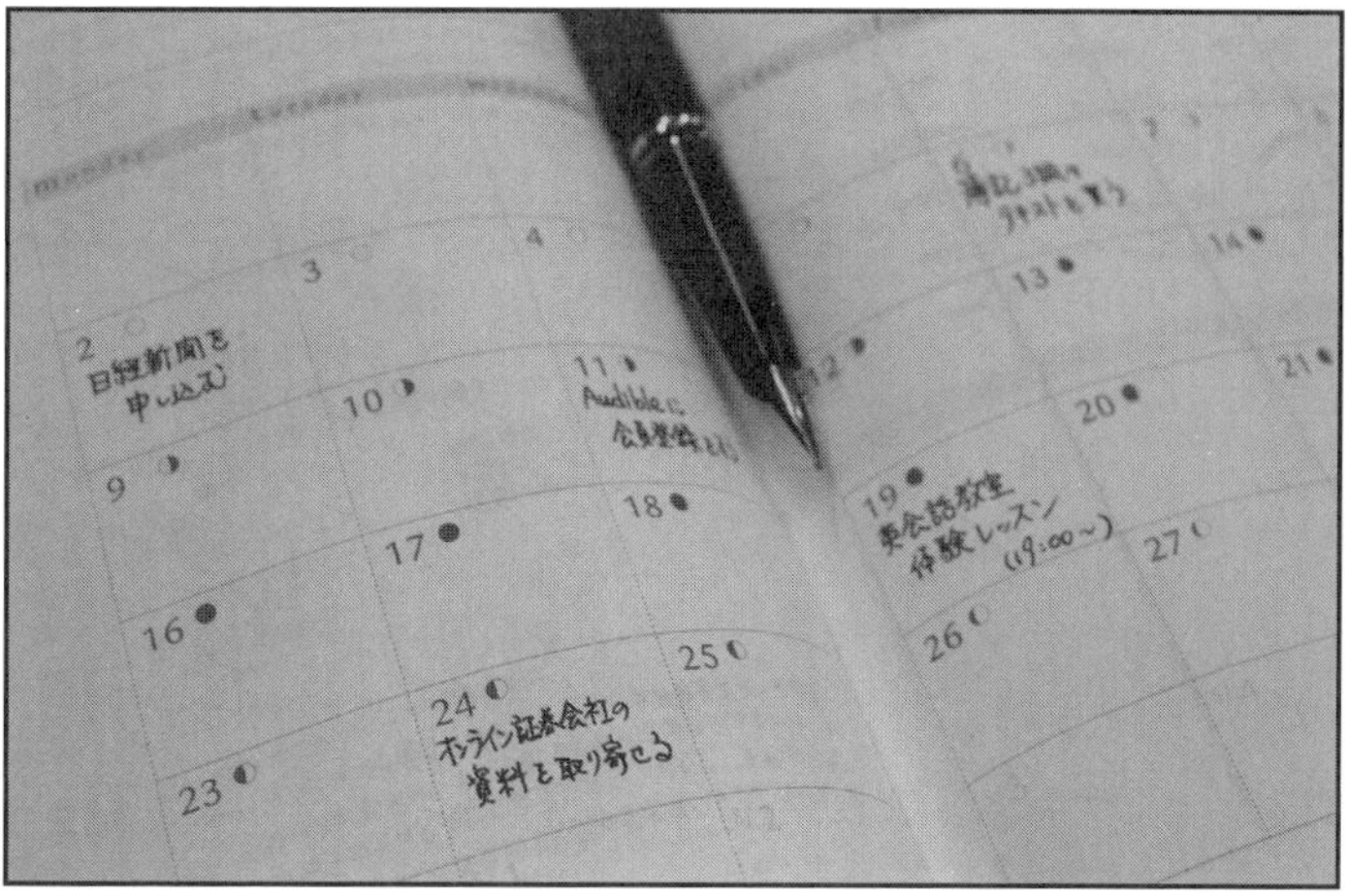

この本を閉じたら、まずはスケジュール帳に勉強の予定を書き入れてしまいましょう。そして、ノートパソコンを持っていない人は買って、持っている人はさっそく必要な情報収集に励んでください。

そして、収入の五～一〇%を勉強に投資していくことで、年収を二〇%以上、毎年上げていくような、そんな好循環をつくりあげて、経済的な自由を勝ち取ってください。

だいじょうぶです、意志に頼らず、仕組みで補えば、勉強は必ず続けられますし、成果も出ます。**必要なのは、意志ではなく、仕組みや設備への投資です。**

さあ、第一歩を踏み出してみてください。

あとがき

　私の周りには、やる気があって、努力もしているのに、なぜか成果が上がらなくて悩んでいる、そして、いろいろな勉強本、成功本を読んでいるが、なかなかピンとくる本がない、そんな人たちがたくさんいました。ひょっとして、いま、あとがきを開いている読者の方も、その一人かもしれません。

　そんな悩みを抱えている人に対し、私は拙書『インディでいこう！』（ディスカヴァー社刊）の質問コーナーや、各種講演会での質疑応答、会社での後輩のコーチングなどを通じて、いろいろな相談に乗ってきて、一つの共通点を見つけました。その共通点とは、成果が出なくて悩んでいる人は、「勉強のノウハウ」そのものを習得できていないため努力の効率が悪い、ということです。

　一方、私はこれまで、会計士・IT・英語・ファイナンスなどの技能をプロの水準として短期間で習得してきました。その技能を生かして、いまも仕事として、いろいろなこと（大学院博士課程での研究、投資顧問会社の経営、本の執筆、新聞・雑誌への連載、政府の専門委員、ムギ畑の運営、それに三人の娘の子育て）を並行して実現してきています。

よく、周りの人に、「いつ寝ているのですか」と聞かれますが、この本で書いてきたような「勉強のノウハウ」がしっかりしていれば、時間管理で困ることはほとんどありません。新しいことを習得するのに、さほど時間がかからないうえ、そのことをアウトプットするのも速くなるためです。


ほかにも、私は勉強のノウハウがしっかりしている次のような友人に恵まれてきました。

◎独学わずか一年ちょっとで司法試験に一回で合格し、現在は投資銀行業をしている友人
◎会計士試験に合格した後、会計士にはならず、計量経済学の教授になった友人
◎東大法学部にストレートに合格し、優秀な成績でそのまま東大に残った友人
◎アメリカの大学を飛び級で卒業し、ダブルマスターを持ち、英語・伊語が堪能な友人

この友人たちの共通点は、決してみな、ガリ勉タイプではないことです。みな、コンサート鑑賞やオペラ、ロッククライミングなど、いろいろな趣味を楽しみ、子育てをしながら、限られた時間内でしっかりとした成果を残しています。

それでは、この友人たちの成果は何に根ざすのでしょうか。優秀な成果を上げてきた友人にみな共通していたのは、「基礎を大事にした、しっかりとした勉強の姿勢」でした。その姿勢や具体的なノウハウを、身近な事例として、私も継続的に学ぶことができました。

私はたまたま、このような友人たちに恵まれ、また、いろいろな先輩から口頭で教えを受ける機会がありましたが、多くの人は、そのような機会が少なく、やり方を模索しているのではないかと思います。それが、ワークライフバランスの偏りにつながっているのではないでしょうか？

現在、日本は少子化対策に悩んでいます。日本で少子化が進んでしまっている原因を外国の状況と比べてひも解くと、以下の二点に凝縮されます。

［原因1］働く女性が子どもを産んで働くためのサポートの仕組みが、諸外国に比べて弱く、女性側に負担が重い。

［原因2］男性側の育児・家事参加時間が先進諸国中最低であり、子育てに男性が参加できていない。

原因1と原因2は、実はその真因はどちらも、日本人の長時間労働にあります。ワークライフバランスがとれていないから、子どもを産む余裕がないのです。

では、なぜ日本人は長時間労働をしなければならないか。それは、働き方の効率がとても悪いためです。二〇〇四年のマッキンゼーの調査では、車、家電、鉄鋼などの国際競争力のある産業一三％の効率は、ほぼアメリカと同等であるにもかかわらず、日本の八七％以上の労働者が勤務する国内向け産業、たとえば小売業や建設業、食品加工業などは、アメリカの六〇％以下の生産性しかないことがわかっています。

すなわち、ワークライフバランスを整えるためには、長時間労働をやめなければいけません。長時間労働をやめるには、働き方の効率を上げるのがいちばんいい方法です。そのためには、しっかりとした基礎力がある勉強の仕方が解決の一つの方法になります。

この本には、残念ながら「楽して○○できる」のような魔法の杖的な内容は書いてありません。しかし、しっかりと地に足のついたほんとうのノウハウは公開したつもりです。ぜひ、本書を読み、せっかくのやる気をうまく効率に結びつけ、年収を上げつつも、ワークライフバランスを整え、上手な勉強法を習得していってください。

勝間和代

なお、この本の売上の一部は、世界中の難民・被災民の自立支援プログラム「Chabo!」に使われます。具体的には、著者印税の二〇%が特定非営利活動法人JENに支払われ、アフガニスタンの学校建設、スーダンの衛生教育、スリランカの漁船製造などにあてられます。このような活動を通じて、私たち著者も、読者の方といっしょに、自立の重要性や社会支援、そして社会責任の遂行方法を学んでいきたいと思います。詳しくはChabo!のサイトをご覧ください(http://www.jen-npo.org/chabo/)。

フィービー（http://www.febe.jp/）
新刊JP（http://www.sinkan.jp/）

10章 何を勉強すればいいのか？

『イノベーションのジレンマ』『イノベーションへの解』（翔泳社）
『明日は誰のものか』（ランダムハウス講談社）クレイトン・クリステンセン著
『金持ち父さん、貧乏父さん』（ロバート・キヨサキ著 筑摩書房）
『チーズはどこへ消えた？』（スペンサー・ジョンソン著 扶桑社）
『ザ・ゴール』（エリヤフ・ゴールドラット著 ダイヤモンド社）
『7つの習慣』（スティーブン・R・コヴィー、ジェームス・スキナー著 キングベアー出版）
『「原因」と「結果」の法則』（ジェームス・アレン著 サンマーク出版）

11章 英語

ニンテンドーDS用『えいご漬け』

12章 会計

『あなたを変える「稼ぎ方」養成講座』（渋井真帆著 ダイヤモンド社）
『実学入門 経営が見える会計』（田中靖浩著 日本経済新聞社）
『社長になる人のための経理の本』（岩田康成著 日本経済新聞社）
『人事屋が書いた経理の本』（協和醗酵工業 ソーテック社）

13章 IT

Firefox（ブラウザ）

14章 経済

『やさしい経済学』『竹中教授のみんなの経済学』（竹中平蔵著 幻冬舎）
『ヤバい経済学』（スティーヴン・レヴィット著 東洋経済新報社）
『経済学思考の技術』（飯田泰之著 ダイヤモンド社）

〈本文で紹介した本・サイトなど〉

多くは、特設アマゾンストアでお求めになれます。(http://astore.amazon.co.jp/10up-22)

3章 まずは道具を揃えよう

『レッツノート(Let's note)』(Panasonic) ＋PHSの通信カードと無線LAN

GoogleのGmail

フォトリーディング「ラーニングソリューション社」(http://www.lskk.jp/)

「クリエイト速読スクール」(http://www.cre-sokudoku.co.jp/)

ノイズキャンセリング・ヘッドフォン、カナル型ヘッドフォン

NICOLA日本語入力コンソーシアム http://nicola.sunicom.co.jp/

「Mind Manager Pro」(Mindjet社) http://www.mindjet.com/jp/

6章 耳でする勉強

『Who Moved My Cheese? (チーズはどこへ消えた?)』

『The 7 Habits of Highly Effective People (七つの習慣)』

『THE GOAL (ザ・ゴール)』

『AS A MAN THINKETH (原因と結果の法則)』

『Rich Dad, Poor Dad (金持ち父さん、貧乏父さん)』

『ダ・ヴィンチ・コード(The DA VINCI CODE)』

著者のブログ「CD、テープを聴いて勉強しよう!!」 http://kazuyomugi.cocolog-nifty.com/audio_book/

アマゾン オーディオブック http://www.amazon.com/exec/obidos/tg/browse/-/69724/ref=br_lr_/102-7703437-6856137

アメリカのオーディオブックダウンロードサイト Audible (http://www.audible.com)

著者による解説 Audible 再入門 http://kazuyomugi.cocolog-nifty.com/audio_book/2006/01/audible_640d.html

NHKのラジオ深夜便のシリーズ(http://nhk-sc.or.jp/radio/)

神田昌典のダントツ企業オーディオセミナー(http://www.kandamasanori.com/)

日本経営合理化協会のAV局(http://www.jmca.jp/)

無理なく続けられる
年収10倍アップ勉強法

2007年4月 5 日 第 1 刷
2008年6月10 日 第12刷

Author 勝間和代

Book Designer 金澤浩二
Illustrator 上杉久代
Publication 株式会社ディスカヴァー・トゥエンティワン
〒102-0075 東京都千代田区三番町 8-1
TEL 03-3237-8321(代表)
FAX 03-3237-8323
http://www.d21.co.jp

Publisher & Editor 干場弓子

Promotion Group
Staff 小田孝文 中澤泰宏 片平美恵子 井筒浩 千葉潤子 早川悦代
飯田智樹 佐藤昌幸 横山勇 鈴木隆弘 山中麻吏 吉井千晴
山本祥子 空閑なつか 猪狩七恵 山口菜摘美

Assistant Staff 俵敬子 町田加奈子 丸山香織 小林里美 冨田久美子 井澤徳子
大薗奈穂子 古後利佳 藤井多穂子 片瀬真由美 藤井かおり 三上尚美
福岡理恵 長谷川希

Operation Group
Staff 吉澤道子 小嶋正美 小関勝則

Assistant Staff 竹内恵子 畑山祐子 熊谷芳美
清水有基栄 鈴木一美 田中由仁子 榛葉菜美

Creative Group
Staff 藤田浩芳 千葉正幸 原典宏 橋詰悠子 三谷祐一 石橋和佳 大山聡子
田中亜紀 谷口奈緒美 大竹朝子

Printing 株式会社厚徳社

ISBN978-4-88759-544-6